세종대왕의 佛心과
한글창제의 역사

수말라 편찬

불교정신문화원

머 리 말

삼계(三界)가 불난집과 같다더니 나는 무슨 일로 태어나면서부터 밤새도록 울고, 수두, 종기, 눈다락지, 부스럼 등 갖가지 피부병을 앓으며 한 세상을 살고 있는가. 더 커서는 치아를 제대로 갖지 못하고 고통 속에 반 세상을 살아왔다.

오죽하면 아버지께서 발바닥에 "천평(天平), 지평(地平)" 이란 글씨를 써서 집안이 평온하기를 기원하였겠는가. 그래서 여섯 살부터 "귀신들린 아이라"하여 절에 가서 업(業)을 소멸하는 염불과 참선, 주문을 외우고 기도하였는데, 법화경 28품을 사경하고 통도사에서 53선지식 화엄산림법회에 참석했다가 큰 스님을 뵙고 삼배를 올리는 가운데 황금 찬란한 몸매를 가진 무비(無比)스님 앞에서 통곡하였다.

그 뒤 나라와 백성을 위하여 헌신하시던 세종대왕의 업적을 생각하면서 우리 조상들을 바른 길로 인도하여야 하겠다고 생각하여 이조실록을 읽다가 이 책을 내서 과거 잘못 살아온 내 인생을 바로 잡아야 하겠다 생각하였다.

그런데 어느 날 불교 텔레비전을 보니 노란 장삼에 낙자를 두른 스님이,

"고요한 밤 하늘에 조용히 말없이 앉아 있으니
세상은 적적요요 본자연 한데
무슨 일로 서쪽 바람에 임야가 흔들리는가.
기러기 한 소리에 하늘 땅이 진동하는데"

하는 게송을 읊어 바라보니 크리스탈 같은 눈빛이 계속해서 쏟아졌다.

"도솔천에서 한 발짝도 옮기지 않고 이 세상에 오신 부처님 은 어머니 뱃속에서 태어나지도 않고 일체중생을 다 제도하셨 다"는 부처님 이야기를 듣고 "누구를 원망하랴 천상천하 유아 독존이!" 다시 한 번 통곡을 하였다.

어머니와 함께 집안 대대로 물려받은 병풍 세 짝과 족자 하 나를 가지고 찾아 뵈오니,

"당나라 이세민 자손들이 어찌하여 인제사 오느냐."

하시며 반겨 맞아 주었다. 병풍을 펴 놓고 보니 통정대부 이무절 할아버지 직계자손으로 우리는 한때 떵떵거리며 살아왔던 양반자손들이었다.

참회하고 울면서 그동안 방탕한 생활을 후회하며 통곡하였으나, "운다고 이 문제가 해결될 것이 아니니 어서 자손들 가운데 골육상쟁한 일들을 뉘우치고 세종대왕의 성업(聖業)을 받들어 사실적으로 참회하라" 하였다. 그래서 고황제 이성계 할아버지로부터 정종, 태종, 세종에 이르기까지 공덕불사(功德佛事)를 생각하면서 이 글을 썼다.

특히 우리의 한글이 몇 사람의 학자에 의해 만들어진 줄 알았는데 승속 간에 수많은 학자들이 동원되어 세계 각국의 언어문자를 비교연구한데 감복하고 그 분들의 노고를 치하하게 되었다.

아직 이 몸이 완전히 나은 것은 아니지만 세종대왕이 함허 득통선사를 만나 6년 동안 채식과 잡곡밥으로 스님 같은 생활을 하여 눈이 밝아지고 오랜 질병을 치료하였고 가정을 화목하게 하고 세상을 복되게 하였듯이 나도 나머지 생을 그렇게 살아야 하겠다고 다짐하였다.

그 동안 나를 위해 불철주야 잠못 이루고 길러주신 어머니와 콩나물시루처럼 뾰쪽 뾰쪽 자라며 좋은 길잡이가 되어준 두 오빠와 언니, 형제들께 감사드린다.

누구를 원망하랴! 끝없는 윤회 속에 짓고 받은 인과를! 이젠 누구도 원망하지 않고 스스로 지은 인과를 반성하며 세상을 아름답게 살아가기를 다짐한다.

그 동안 이 책의 자료와 우리 조상들의 족보를 찾아주신 활안스님께 감사드리며 항상 옆에서 보살펴주신 의사선생님들과 미안야 쉐우민 명상센타에서 함께 수행하고 공부했던 도반들께도 감사드린다.

불기 2563년 己亥 8월 보름

편자 **수 말 라** 씀

일 러 두 기

1. 이 글은 이태조로부터 세종대왕에 이르기까지 있었던 불교 역사를 간단히 정리한 것이다.

2. 제1편에서는 세종대왕에 이르기까지의 조선조 신불사(信 佛史)가 중심이고,

3. 제2편에서는 한글창제에 대한 갖가지 연구논문을 가감(加 減)없이 전제(轉載)하였다. 어려운 점이 있더라도 자세히 읽고 또 읽으면 우리 글의 조직성을 이해할 수 있으며 당시 학자들의 마음을 공부할 수 있다.

4. 소헌왕후의 49재를 지내면서 세종대왕이 다소 불법을 이해 하다가 언문경전을 만들면서 오랜세월 겪어온 눈 어둡고 기 운없는 묵은 병을 치료하고 밝고 밝은 말년을 보내게 된다.

5. 따라서 우리도 우리집안의 병을 치료하고 삼세 선망부모들 을 위하여 이 글을 정리한다.

목 차

제 I 편
세종대왕의 신불(信佛)

1. 군신(君臣) 이야기
—함허득통(涵虛得通)선사와의 이야기

"짐(朕)이 들으니,

'서방에 큰 성인이 계신데, 말하지 않아도 스스로 믿고 교화하지 않아도 스스로 행한다'

하였는데 사실입니까?"

〖옛날 열자서(列子書)에 보면 상태제(商太帝)께서 공자님께 물었습니다.

"공자님께서는 성인이십니까?"

"저는 박식강기(博識强記)하여 그 인의(仁義)를 실천할 뿐입니다."

"그러면 삼황(三皇)과 오제(五帝)는 성인입니까?"

"삼황은 천지의 이치에 밝아 하늘 땅 대로 살으시고, 오제는 예를 알고 지혜롭게 살아 모든 사람이 믿고 따른 어른들로 알고 있습니다."〗

"그렇다면 누가 성인입니까?"

"서방에 한 성인이 있는데, 다스리지 아니 하여도 어지럽지 않고, 말하지 않아도 스스로 믿고, 교화하지 않아도 스스로 행하니 탕탕(蕩蕩)하여 말로 다 할 수 없다 하였습니다."

"참으로 거룩하십니다. 하루 저녁 하루 낮에 공덕을 닦아 그렇게 이루어진 것이 아닐 것입니다."

"그렇습니다. 부처님께서는 오랜 세월을 두고 거룩한 인연을 심어 수천만년을 살아오면서 생멸없는 경계를 개척하였기 때문에 능히 그렇게 된 것으로 압니다."

"그러면 그가 우리에게 믿게 해준 것은 어떤 것 입니까?"

"인과 인연이요, 오직 마음 도리 하나입니다. 인과 인연을 믿기 때문에 어지럽지 아니하고 스스로 행하는 것입니다."

"거룩하십니다, 세존이시여. 나도 말없이 다스리고 행으로 실천하겠습니다. 그런데 한 가지 의심이 있습니다."

"무엇입니까?"

"나는 태어난 이래 나쁜 일을 하지 않고 오직 성현의 말씀만 믿고 배워왔는데, 어찌해서 이렇게 몸이 허약하여 눈이 잘 보이지 않는지 알 수 없습니다."

"황송하오나 폐하께서는 술과 고기를 멀리하고 색(色)을 삼가 하면서 잡곡밥을 드시면 차차 나아질 것입니다."

대신들이 말했다.

"산해진미(山海珍味)를 먹고 인의예지(仁義禮智)를 실천하는데도 이렇게 몸이 쇠약하신데 상식(常食)을 주리고 잡곡밥을 잡수신다면 장차 그 몸이 어찌 되겠습니까?"

"삼신산(三神山)의 불로초(不老草)를 구해 잡숫게 하고 봉래의 선녀들로 시봉들게 하여야 할 것입니다."

"옳습니다. 태산의 정기를 마시고 황해의 선미(仙味)를 맛보시게 하여야 할 것입니다."

"내 들으니 삼천갑자 동방삭(東方朔)이도 죽었고 양귀비를 사랑한 현종임금님도 가셨습니다. 먹고 마시는 것은 내가 알아서 할 것이니 오늘부터 내 상에는 산해진미를 다 놓고 먹는 밥은 쌀밥과 잡곡밥 한 그릇씩만 올려 놓아 주시오."

그리하여 세종대왕은 38세부터 잡곡밥을 드시고 주·육·색(酒·肉·色)을 삼가하여 44세에 눈이 밝아졌다. 요즈음 말로하면 너무 잘 먹어서 생긴 당뇨병이었는데, 신하들은 잘못알고 좋은 것만 갖다드리니 마치 불속으로 섶을 짊어지고 들어가는 것과 같았다.

세종대왕은 그로부터 고양에 대자사(大慈寺)라는 절을 짓고 자재분들과 함께 가서 금강경오가해(金剛經五家解)를 들었다.

하늘 땅의 뿌리

세종대왕이 물었다.

"옛 시에

圓覺山中生一樹　開花天地未分前
非靑非白亦非黑　不在春風不在天

이라 하였는데, 하늘 땅의 뿌리가 어디 있습니까?"

"원각산에 올라가 보아야 압니다. 천지의 꽃이 어떻게 피었는지, 색깔은 어떤 것인지, 봄바람, 가랑비는 어떻게 내렸는지 나도 알 수 없습니다. 그러기에 옛 스님이,

古佛未生前　凝然一相圓
釋迦猶未會　迦葉豈能傳

이라 하신 것입니다. 왜냐하면 세상 사람들이 부르는 하느님을 이스라엘에서는 여호아라 하고, 애급사람들은 알라, 인도사람들은 범천(梵天), 중국사람들은 옥황상제(玉皇上帝)라 부르고 있으나 일찍이 하늘은 내가 여호아다, 알라다, 범천이

다 또는 옥황상제다 해본 일이 없기 때문입니다.

그래서 옛 사람이

有一物於此

絶名相　貫古今

處一塵　圍六合

여기 한 물건이 있는데

이름과 모양이 없으나 고금을 꿰고

티끌속에 있으면서도 6합을 둘러싸고 있다.

하였고, 그의 공능에 대해서는

內含衆妙　속에 온갖 것 다 가지고 있으면서

外應群機　밖으로 뭇 근기를 따른다.

하였으며

主於三才　천·지·인 3재의 주인이 되고

王於萬法　만법의 왕이 된다.

하였습니다. 이해가 되십니까?

탕탕하여 비길 수 없고 　　　蕩蕩乎其無比
높고 높아 짝할 이 없습니다. 　巍巍乎其無倫"

"싱그럽습니다
밝고 밝아 위아래가 다 보입니다.

은은합니다
보고 들음이 분명합니다.

그윽합니다
하늘 땅 보다 먼저 하여도 시작이 없고
하늘 땅 보다 늦게 하여도 끝이 없습니다.

비었다고 해야 할 까요
있다고 해야 할 까요
나도 그 까닭을 알 수 없습니다.

　우리 석가모니 부처님이 저 한 개의 물건이 일체중생들에게
다 갖추어져 있는 것을 보시고,
　'기특하다 생사의 바다 가운데 밑없는 배여'
하시고 구멍없는 피리를 부시니 묘한 소리가 천지를 울리고

진리의 바다가 하늘 끝까지 차 올랐다.

어찌 귀머거리가 듣고 마른 나무에 물기가 오르지 않겠는가.
대지함생(大地含生)이 비로소 자기 있을 곳을 찾았습니다.”

“고맙습니다. 어리석은 중생은 하늘땅만 쳐다보고 살았는데
그 하늘땅을 알아보는 내 마음을 미처 생각하지 못했습니다.”

부처님의 팔상성도(八相成道)

부처님은 다겁(多劫)의 수행을 마치시고 도솔천 내원궁에
계시다가 갑인(甲寅) 4월 초8일 사바세계에 태어나 무량한 중
생들을 제도하였는데, 그것을 정리한 것이 팔상성도입니다.

1. 도솔래의상(兜率來儀相): 도솔천에서 내려와
2. 비람강생상(毘藍降生相): 룸비니공원에서 탄생하시고
3. 사문유관상(四門遊觀相): 동·서·남·북 4문을 구경하
   고 생·노·병·사를 깨달으시고
4. 유성출가상(遊城出家相): 성을 넘어 출가하여
5. 설산수도상(雪山修道相): 설산에서 도를 닦고
6. 수하항마상(樹下降魔相): 보리수밑에서 마군을 항복받고
7. 녹원전법상(鹿園傳法相): 녹야원에서 전법하고
8. 쌍림열반상(雙林涅槃相): 쌍림에서 열반하였습니다.

세종대왕은 이 법문을 듣고 조선의 용비어천가(龍飛御天歌)와 마명보살의 불소행찬(佛所行讚)을 본받아 500수의 시를 지었는데, 그 이름이 월인천강지곡(月印千江之曲)입니다.

감자왕(甘蔗王)의 후예로
정반왕(淨飯王)이 있었으니
연꽃과 같은 아내 마야(摩耶)부인은
초생달과 같았다.

4월 8일 룸비니 공원에서
무우수(無憂樹) 가지를 잡자
오른쪽 옆구리를 트고 태어나
천상천하 유아독존(唯我獨尊)을 외쳤다.

맹수들은 스스로 자비심을 일으키고
아픈사람은 저절로 병이 낫고
새들은 춤을 추고
꽃들은 방실 방실 춤을 추었다.

구룡(九龍)이 토한 물로
금신(金身)을 목욕하니

천지(天地)가 맑아지고
천인(天人)들이 노래불렀다.

친정으로 가던 길을 돌리어 돌아오니
정반왕이 선인을 불러 길상(吉祥)을 점쳤다.
32상 80종호라 집에 있으면 전륜성왕이 되고
출가하면 부처가 되어 고뇌중생을 건질 모습이다.

하였다.

생후 7일만에 어머니가 돌아가서 도리천에 태어나고
실달태자는 이모 마하파쟈파티에게 맡겨지니
밤낮으로 교대하여 1백명이 시봉하였다.

귀와 눈이 밝아지자 바깥세상을 구경코자하여
궁밖을 구경시키니 늙고 병들고 죽는 고통을 보고
세상 무상을 싫어하다 하루는 도 닦는 사람을 보고
발심출가하여 도인이 되고자 희망하였다.

고고단신(孤孤單身)으로
설산에 들어가

6년을 고행하니
몸은 나뭇가지처럼 말라 있었고
마음은 식은 재(灰)와 같았다.

니련선하에 내려와
6년의 진구(塵垢)를 씻고
수자타의 유미죽을 얻어 먹고
기력(氣力)을 회복하였다.

길상초(吉祥草)를 얻어 깔고
몸과 마음을 가다듬으니
마녀(魔女)들이 춤을 추었으나
마군(魔軍)들을 물리치고
마왕(魔王)을 항복받았다.

새벽하늘에 떠오르는 별빛을 보고
보는 놈이 누군가를 깨달으니
3천대천세계가 오직 한마음 밖에 없었다.

45년간 설법하여 무량중생을 제도하고
쿠시나가르에 이르러 열반에 드시니

사라나무가 백학처럼 희어졌다.

8곡4두 찬란한 사리(舍利)를
여덟 나라로 나누어 갔으나
마지막에 아쇼카왕이 재분배하여
사바세계에 8만4천탑이 세워졌다.

마등가 축법란에 의해
중국에 불법이 전해지니
동방이 점점 밝아지게 되었다.

소수림왕 2년 고구려에 불법이 전해지고
백제에는 기원 384년 마라난타에 의해
불법이 새롭게 전해졌으며
신라는 법흥왕대 불법이 크게 일어나게 되었다.

고려 5백년 호국불교가 번성하다가
조선조에 들어오면서 배불숭유정책이 이루어졌으나
내불외유(內佛外儒)로 불법은 사라지지 않았다.

아무리 훌륭한 사람도

그 역사가 천년 가기 어려운데

우리 부처님 정각왕(正覺王)은

천년 만년 꺼짐이 없으므로

천강에 비친 달을 비유하여

월인천강지곡을 지었다.

이것이 세왕대왕이 지은 월인천강지곡(月印千江之曲)의 일부이다. 장차 세조대왕은 여기 석씨원류(釋氏源流)를 만들어 온 국민들이 볼 수 있게 하였다.

함허득통선사

2. 역대제왕들의 불심(佛心)

(1) 이태조 고황제(高皇帝)의 불심(佛心)

세종께서는 태조고황제의 불심을 이해하기 위해 재위 6년 동안 이루어 놓았던 모든 일들을 간추려 정리하여 검사했다.

이태조의 이름은 단(旦)이었고 휘가 성계(成桂)다. 1392년까지 6년 동안 왕위에 있었는데, 무엇이고 뜻대로 잘 되지 않아 고심(苦心)이 많았다.

① 대장경 불사와 흥천사의 건립

태조원년(1392)

고려 신우(辛禑) 11년 한산군 이색이 왕명을 받들어 태고원증국사(太古圓證國師) 비문을 쓰게 하고 그의 문도 지웅존자 혼수와 이성계의 성호를 쓴다.

태조가 잠저(潛邸)에 계실 때 혼수와 함께 대장경을 완성할 것을 서원하여 서운사(瑞雲寺)에 안치한 일이 있기 때문이다.

왕 2년(1393)에는 계룡산에 행차하여 도읍터를 살펴보았는데 왕사 무학(無學)이 따라 갔다. 처음에는 반대하였으나 "속인들의 눈이 어찌 도사 눈만 같겠는가!" 하여 계룡산을 순행하고 여름 4월 연복사 탑을 중창 완성하였다. 이때 문수회를 개설하여 낙성식을 가졌다.

3년(1394) 한양도읍을 정하고 궁궐을 건축하였는데, 한양을 점찍은 것도 무학이고 진산을 인왕산 좌청룡 우백호를 백악과 남산으로 지정하였으나 정도전이 제왕은 남면(南面)해야 한다고 고집하자 2백년이 지나고 나면 알 바 있을 것이다 하였다.

과연 2백년 후 부터서는 골육상쟁(骨肉相爭)이 이루어지고 외우내환(外憂內患) 때문에 마음편한 날이 없었다.

4년(1395) 전 왕조의 왕씨들을 위하여 남해 우두산 관암사에 밭 150결을 내리고 매년 2월10일 내향(內香)으로 수륙재를 지내게 하였다.

5년 한성(漢城)의 경계를 정하지 못하여 고민하던 차 눈이 내려 안팎이 분명해지므로써 그것을 경계로 성을 쌓게 되었다.

6년(1397) 신덕왕후의 묘를 황화방 북쪽 언덕에 쓰고 그 동쪽에 흥천사를 지어 명복을 빌게 하였다. 소상 때 불사가 마쳐지자 전 1천결을 내려 거창하게 낙성식을 행하고 흥천사(興天寺)를 선종의 수사찰로 지정하였다.

사실 태조는 고려 때 타락한 불교를 부흥코자 노력하였으나 미신화, 산업화, 기업화 되어버린 불교를 되살리기는 쉽지 않았다. 특히 정도전 일파의 배불숭유정책이 극에 달해 있었기 때문이다. 그러나 왕자난으로 두 아들과 신덕왕후를 잃은 태조의 마음은 말로 표현할 수 없는 경계에 이르러 있었기 때문에 함흥차사에 있어서도 무학스님의 도움을 받았고 회룡사에서 마음을 돌린 뒤 전좌마을에 이르러 전권을 물려주고 자신은 출가자처럼 나머지 생을 보내기로 작정 하였던 것이다.

고황제 원년(1392) 한상군 이색에 의해 찬술된 원증국사(태고보우국사) 비와 권근에게 명하여 이룩된 보각국사 혼수의 비문, 시월 무학 자초를 왕사로 정하고 조계종 묘엄존자로 추대하였으니 가히 그의 불심을 짐작할 수 있다.

특히 흥천사 주지 성총에게 부탁하여 통불교적 입장에서 한국불교를 새롭게 할 교재를 편집해 줄 것을 부탁하였는데, 뒤에 이 글을 백암성총이 임자도에서 얻은 중국서적을 중심으로 완성하게 된다.

② 학술불교와 교과편성

─불교강원의 교재편찬

1. 사미과(沙彌科)

　① 사미율의(沙彌律儀)

　② 초발심자경문(初發心自警文)

　③ 치문경훈(緇門警訓)

2. 사집과(四集科)

　① 서장(書狀)

　② 도서(都序)

　③ 선요(禪要)

　④ 절요(節要)

3. 사교과(四敎科)

　① 능엄경(楞嚴經)

　② 기신론(起信論)

　③ 원각경(圓覺經)

　④ 반야경(般若經)

4. 대교과(大敎科)

　① 화엄경(華嚴經)

　② 법화경(法華經)

　③ 선문염송(禪門拈頌)

이태조 고황제

④ 경덕전등록(景德傳燈錄)

이것은 성총스님이 직접 강의하여 시험하였던 것으로 지금까지도 한국불교 강원교재로 쓰고 있다.

③ 사경불사와 천도재

태조는 별원과 서원을 만들어 법화경 한 질을 금물로 써서 나라의 평화와 백성들의 안녕을 빌고 비명에 간 왕씨들을 위하여 회향하였고, 매년 법계함령을 위하여 수륙재를 지내도록 명하였다.

그리고 천태종 조구(祖丘)를 국사로 삼고 내전에서 108명에게 반승하였다.

4년에는 가지산 용문사 정의국사 비문을 쓰게 하고 5년에는 도성을 쌓았으며 진관사에 수륙사를 만들고,

5년 도성을 쌓고 11월에 도성을 한양으로 옮겼다.

6년(1397) 병진일에 신덕왕후를 황하방 북쪽 언덕에 장사 지내고 홍천사를 동쪽에 짓고 명복을 빌었다. 낙성식 때 전지 1천결을 내려 공양비에 쓰게 하였다.

7년 5월 용산강으로부터 대장경을 강화도 선관사로 옮기다가 비가 내려 2천 여 명의 대장들이 대장경을 우선 지천사로 옮겼다. 가을에 무안군 방번, 방석 형제가 나이 어려 죽으니

여러 차례 절에 가 명복을 빌고 홍안군(이제)까지 죽게 되니 시집갔던 경순공주를 머리 깎아 출가시켰다.

신의왕후 한씨는 출가 후 여섯 왕자를 낳았는데, 정종이 두 번째가 되고 태종이 세 번째가 된다.

신덕왕후 강씨는 방번, 방석, 경순공주 3형제를 낳았는데, 왕이 유독히 사랑하는 까닭에 정도전, 남은 등이 그쪽으로 붙어 방석을 세워 세자를 삼았다. 이에 화가 난 태종이 무사를 거느리고 가 남은의 집에서 놀고 있는 것을 보고 불을 질러 다 죽게 하고 도망쳐 나온 정도전이 잡혀오니,

"너는 일찍이 왕씨를 배반하더니 또 다시 이씨를 배반하는구나."

하고 죽였다. 이튿날 백관들이 정도전과 남은의 죄를 묻고 다시 태종을 태자로 정했으나 태조는 정종에게 왕위를 양도하고 처음에는 덕원으로 피했다가 함흥으로 숨어버렸다.

태조가 위로 하기 위해 온 고향친구에게 시를 지었다.

"물고기가 북해를 뛰어올랐다고 자랑할 것이언정
내가 여기 온 것을 금의환향이라 이르지 말라
감히 고향에 와서 시를 읊는 것이 아니고
당명황에게 촉도가 험하다고 하기가 부끄럽다."

공정대왕(태종)이 사람을 보내 안부를 물었으나 가기만 하면 그대로 죽여 함흥차사란 말이 생겼다. 마지못해 무학대사를 보낸 뒤 동두천 소요산에 와 있다가 회룡사에 이르러 마음을 돌리고 전자마을에서 국권을 태종에게 주었다.

④ 여러 스님들의 비문(碑文)

이제 그 비문들을 차례로 살펴보면 다음과 같다.

가. 혼수(混修) 보각국사(普覺國師) 비문

스님의 휘(諱)는 혼수이고 자(字)는 무작(無作), 호는 환암(幻菴)이다. 성은 풍양조씨(豊壤趙氏)이다. 아버지는 숙령(叔

혼수보각국사비

鈴)으로 헌부(憲部)의 산랑(散郎)이었고 어머니는 청주 한씨 (韓氏)다. 아버지께서 용주(龍州)로 부임하여 연우(延祐) 경 신년(1320) 3월 13일 부임지에서 탄생하였다.

하루는 사냥을 갔다가 새끼를 데리고 가던 사슴 한 마리를 보았는데 가다 서고 가다가 서고 하며 자식을 생각하는 마음 이 지극한 지라 그 뒤부터 사냥을 그만 두었다. 그 후 몇 년 있 다가 아버지가 돌아가시자 어머니가 3년 상을 마치고 고향으 로 돌아왔다.

애기 때 부터 병이 잦아 아는 사람에게 물으니 "출가하면 병 이 없어지리라"하여 12세에 계송(繼松)스님께 보내 출가시켰 다. 총명예지하여 스승의 뒤를 이어 제2인자가 되었다.

지정14년(1341) 선시(禪試)에 나아가 상상과(上上科)에 합 격, 유불(儒佛)의 좋은 친구들을 사귀었으나 이웃사람의 죽음 을 보고 오온(五蘊)이 무상함을 깨닫고 29세에 금강산으로 들 어 가 2, 3년을 장좌불와(長坐不臥)하다가 어머니가 위태하다 는 소식을 듣고 경산(京山)에 와 거주하면서 어머니의 별세를 보고 대자 법화경을 써 명복을 빈 뒤 선원사(禪源寺) 식염암 에 가서 능엄경을 보고 재상 조쌍중(趙双重)이 지은 휴휴암(休 休庵)에 들어가 3년동안 능엄경을 설하고 충주 청룡사 서쪽 기슭에 연회암(宴悔庵)을 짓고 은거하였다.

　공민왕이 스님의 자취를 듣고 찾았으나 금오산, 오대산 신
성암에 머물렀다가 고운암에서 나옹 혜근을 만나 도적(道跡)
을 인정받고 가사, 불자와 석장을 받고 신축년(1361) 강릉 안
렴사가 모셔다가 궁중에서 강사가 되었다.

　기유년(1369) 백성군 사람 김황이 스님을 서운사에 모셔 가
서 대중을 거느리게 하였으며 홍무3년(1370) 공민왕의 공부
선장(工夫選場)에 나아가 후배들을 거느리게 하니 나옹스님
이 물었다.

　"무엇이 당문구(堂門句)인가?"

　"안팎이 본래 공하기로 중간이 없습니다."

　"문내구(門內句)는 그만두고 삼관(三關)은 어떤가?"

　"높은 곳은 낮아지고 낮은 곳은 멈춥니다."

　"물이 어느 곳에 이르러 개천이 되는가?"

　"큰 바다가 숨어 있는 곳입니다."

　"밥은 왜 흰 쌀로 짓는가?"

　"모래를 쪄서는 밥이 되지 않기 때문입니다."

　임금과 스승이 입격문(入格文)을 주고 종문(宗門)에 머물게
하였으나 스님은 바로 위봉산(威鳳山)으로 내려갔다.

5년 임자년(1392) 왕명을 거역하지 못하여 불호사(佛護寺) 주지를 맡았다가 내불당에 들어가게 되니 야밤에 평해의 서산(西山) 치령으로 도망하였다. 9월 임금님이 승하하자 광령군이 즉위하여 광통무애대지보제(廣通無碍大智普濟)의 호를 내려 송광사(松廣寺)로 갔다가 내원(內院)에서 사임하고 서운사로 돌아왔다.

무오년(1378) 치악사 연회암으로 돌아와 있다가 정부의 부름을 받고 광암사(廣嚴寺)주지로 3년간 있다가 원주 백운사, 용문, 청령, 치악산 등으로 유행하였다.

계해년(1383) 조정에서 선문(禪門)의 명덕(名德)을 사방으로 추천하자 감로사 정관장로의 권유로 충주 개원사에서 어서, 인장, 법복, 예물, 폐백을 받고, 대조계종선교도총섭오불심종홍자운비복국이생묘화무궁도대선사정변지웅존자(大曹溪宗禪教都摠攝悟佛心宗興慈運悲福國利生妙化無窮都大禪師正偏智雄尊者)로서 국사의 위를 받았다.

이듬해 갑자년(1384) 해적이 깊이 충주까지 침범하여 광암사와 개천사 주지를 맡아 돌아가신 선조의 언설을 계승하고 살아있는 임금의 뜻을 함께 받들게 되었다.

1385년 50일 동안 백산개도량(白傘蓋道場)을 베풀어 명망 있는 학사들과 스님들을 청법하게 하고 마지막으로 임금님이 직접 보국사에서 불정회(佛頂會)를 베풀고 이듬해에는 대비 강씨가 공민왕을 위하여 특별법회를 열었으며 88년에는 임금님이 외지에서 양위하자 이전 임금님을 위해 장경회를 베풀고 스님은 증사로서 참여하였다.

　　1392년 공민왕께서 왕업을 계승하자 축하하고 노병을 핑계로 모든 직과 인장 등을 반납하고 9월 18일 유서를 쓰고 사세하니 8일 동안 앉아 있었어도 얼굴색이 변치 않았다.

　　스님은 맑고 수려한 얼굴에 착하고 온화한 기상으로 예절이 바르고 말이 간절하였으므로 모든 사람들이 경애 존경하였다. 계율을 지킴에 엄숙하였고 지위가 높아질수록 마음은 더욱 겸손하셨다.

　　선교의 경론을 연구하지 아니함이 없었고 거의 스승에게 배우지 않고 스스로 통달한 것이었다. 남을 가르침에 게으르지 아니하였고 강의 또한 자상하고 품위가 있었다.

　　비문을 쓴 권근이 노래 불렀다.

　　섭심착력(攝心着力) 마음을 다 잡고 힘을 기울이되

불의불형(不倚不衡) 기대거나 눕거나 저울질하지 않았으며
불락좌우(不落左右) 좌우에 떨어지지 않고
중도사정(中道斯征) 중도의 길을 지켰네

이색(李穡)이 찬한 기문을 읽어보면 스님의 독경소리가 귓 속에 아롱거린다.

몽자오즉기	꿈을 깨면
夢者悟卽己	그만이고
환자법즉공	환영은 술법
幻者法卽空	사라지면 곧 공해진다

포자즉어수	거품은
泡者卽於水	물로 돌아가며
영자식어음	그림자는
影者息於蔭	그늘에서 사라진다

로희어전멸	이슬이 마르고
露晞於電滅	번개가 번쩍이는 것도
개비실유야	다 실재하는
皆非實有也	것은 아니다.

그러나 그것을 아는 놈은 허망한 것 가운데서도 허망하지 않다는 것을 깨달았다는 것이다.

고려말 대학자 이색

텅빈 하늘에 흰 구름 떠다니고
잔잔한 바다에 바람이 물결을 일으키네
오기는 어느 곳으로 부터 왔고
가기는 어느 곳으로 가는가
암자 가운데 높이 누운 한가로운 도인이여
밤엔 달이 등불이요 낮엔 솔이 일산이네

이색은 고려 말, 이조 초 대학자다. 어려서 학당에서 스님과 함께 교우하며 공부하였다.

나. 연복사탑 중창기 (권근 찬)

불도는 자비희사를 덕으로 삼고 인과응보를 징험으로 삼는다. 부처님 말씀은 지극히 광대하여 중국 4해에 전해져 천년을 끊임없이 이어왔다. 오래 될수록 더욱 성하여 위로는 왕공대신으로부터 아래로는 필부필부(匹夫匹婦), 어리석은 자에

연복사 탑비

이르기까지 복리(福利)를 희구하여 우러러 신앙하지 않는 이가 없었다. 사원과 탑묘, 건물이 우뚝 솟아 서로 마주칠 만큼 천하에 가득하였다.

우리나라는 신라 말부터 부처님을 조성해 모시는 것이 지극하였다. 그래서 성중에 사찰이 민간 수 만큼 많았으며 그 전각이 웅장함과 특출한 것은 지금까지 남아있다.

고려는 왕씨의 나라를 통합하던 초기부터 그대로 사용하여 고치지 아니했다. 신비한 기도터가 마련되고 경향각지에 더더욱 많은 사찰들이 지어졌으니 이는 도선국사의 비보사탑설(鼻補寺塔說)에서 연유된 것이다.

연복사는 실로 도성안 중심지에 자리잡고 있다. 본래 이름은 당사(唐寺)인데, 당이라는 말이 크다는 뜻이므로 큰절(大寺)이라 부르기도 하였다.

기둥이 1천 개나 되고 그 속에 못이 세 개나 있었으며 우물이 아홉 개나 되었다. 남쪽 5층탑은 풍수지리에 맞게 세웠다. 왕씨 나라가 5백 년 동안 여러 차례 전란을 겪으면서 흥폐를 거듭하였으므로 이 탑이 파괴된 것은 그 연대를 알 수 없다.

공민왕에 이르러 조영하였으나 완성하지 못하고 그 뒤 미친 중 장원심(張遠心)이 허망한 말로 사람들을 귀찮게 하였으나 끝내 이루지 못하였다.

공민왕이 장수와 재상의 힘을 입어 조종의 왕업을 회복하고 즉위하면서부터 불사에 힘을 쏟더니 천규스님에게 공장을 모집하여 공사를 시작하니 1년만에 새로 여섯 기둥을 세웠다. 층수는 5층, 편평한 돌로 지붕을 덮었는데 준공직전에 간언으로 중지하였다.

생각컨데 주상전하께서는 신통한 자질로서 천심과 인심의 보호를 받고 문득 왕위에 올라 크게 인민과 사직을 주재하니 어진 마음은 살아나고 큰 덕은 만물을 육성, 여러 어진이들의 보필을 받아 다스리는 도는 높고 밝아 옛날의 잘못된 것을 고치고 새롭게 교화를 폈다.

무릇 나라를 부유하게 하고 백성들에게 은혜를 베풀지 아니한 것이 없었다. 불법은 만물을 이롭게 하는 것이므로 폐지하지 않고 끊임없이 공사하여 드디어 임신년 12월에 낙성을 하게 되었다.

임금님께서 그의 시말을 권근에게 적게 하고 5층탑을 세우게 하였으니 인도의 아육왕, 중국 양무제를 능가하게 하였다.

찬탄한다.

높은 것은 송악과 같으나
구름 노을이 아롱지네
위에는 영골(靈骨)
중간은 대장경(大藏經)
아래는 비로자나를 모셨으니
수승한 공덕은 복록을 일으키고
만민의 복덕은 국토를 복되게 하여
천하는 태평하게 만복이 구름처럼 일어나리라

이단(李旦) 임금님께서 대장경을 탑 속에 넣으며 발원하였다.

"경·율·론 3장을 통칭 대장경이라 하고 그의 내용은 계·정·혜 3학으로 구분합니다. 그러나 그 대장경의 3학이 곧 일심을 가르치고 있으니 대장경과 3학, 곧 일심이 모두 한 가지 이치로써 3세 시방에 뻗쳐있는 것을 어떤 사람이 쉽게 헤아릴 수 있으리오.

과인은 천지자연의 도움과 조중의 은덕으로 보위에 올라있으나 오직 덕 없음을 생각하면 가슴이 답답할 뿐입니다.

이에 불교의 방편력을 의지해서 선조의 복과 중생들의 삶을 이롭게 하고자 등단 초기부터 여러 탑을 수리하고 장엄하였사오나 여기 신하들과 함께 대장경을 탑속에 안치하고 있습니다. 진리의 구름이 하늘 높이 오르고 만물이 소생하여 천하가 태평하게 하옵소서. 부디 병사없이 나라가 다스려지고 천하가 태평하기 기원합니다."

여기 동참자들의 이름을 소개하면 다음과 같다.

왕현비, 왕세자 방석, 진안군 방우, 영안군 전재사 방과, 익안국 방의, 회만군 방간, 정안군 방원, 무안군 방번, 영안군 양우, 좌명공신 이제, 보국승록 홍영통, 집현전 태학사 안종원, 세자사 평양백, 덕읍1천호 조준, 관상 서사사 영경영, 실봉삼백호 윤호, 의만백 이화, 보문각 태학사 지경연, 봉화군 정도전, 집현전 대학사 권중화, 상장군 우인열, 최영지, 판사 김주,

판예조사 경의, 병조전석 응양위, 계림군 정희계, 상장군 이거인, 의성군 남재, 상장군 구성효, 광중보, 도평의사 이인수, 보문학사 안경공, 가정대부 휴량, 숭정대부 강순룡, 문하시중 성여완, 이무방, 남을번, 이승, 김수부, 보문학자 이직, 집현관 이근, 호조사 한상경, 김현관, 최원, 류원지, 부사 이득분, 감사행 윤상, 이광, 통정대부 조순, 김광, 이중, 맹천록, 관대부사 조화, 제주목사 여예, 평해군 부인 황씨, 청해군 이지장, 참지 김입견, 자천대부 윤상헌, 이염, 이조전서 최령준, 남은, 상장군 조림, 도평어사 조방, 장사길, 상장군 박영풍, 절제사 황희석, 형조전사 김희서, 가선대부 조군, 우위대장군 심효생, 자헌대부 류순, 통정대부 이당, 남원부사 윤희중, 초계군사 이흡, 고령감무 정숙도, 창령감무 김윤덕, 온수감무 이건, 봉직랑 조호, 해인사 주지 경남, 봉익대부 이유, 성산군 부인 이씨, 선림사 주지 만웅, 향산 중덕 각소, 지보, 천규, 신성, 지선, 신중, 계원, 당선, 희지, 불심, 추해, 각해, 지전, 종연, 희진, 신련, 각성 등.

왕사 묘엄존자가 그의 스승 지공, 나옹 진영과 탑의 이름 등을 아뢰고 왕의 뜻을 받들어 9월 9일 광명사에서 패진불사를 크게 베풀었다.

이듬 해 3월 3일에는 천보산 회암사 부도탑 이름을 새기고

6월 25일 조파(祖派)를 평산처럼하에 기록해 놓고 불조종파지도를 만들어 난타사에 목판본을 남겼다.

여기 서천 108존자 제납박타조사, 지공대화상 부도명을 보면 다음과 같다. 이글은 전 봉익대부 한수가 어명으로 전액하고 한산군 이색이 명을 받들어 기록하였다.

다. 제납박타존자 부도명(提納薄陀尊者 浮圖銘)

가섭으로부터 108대손 제납박타(善聖) 존자는 호가 지공이다. 난수가에서 천자를 뵙고 불법을 의논하니 천자의 뜻에 맞아 매년 옷과 양식을 주었다. 그러나 스님은 "내가 이것을 원하는 것이 아닙니다"하고 금강산으로 가서 법기도량을 참배하였다.

천자가 연경에 돌아오도록 촉구하자 천력 초(1328) 내정에서 설법했는데, 천자가 친히 와서 들었다. 이를 막기 위해 데모하다가 여러 스님들이 희생되기도 하였다.

지정연간에 황후와 황태자가 연화각에 스님을 맞아들여 법을 듣게 하니

"임금님께서는 나라를 편안하게 하는 일이 충실하시고 불법은 각기 닦도록 놓아 주십시오."

하고 하사한 구슬과 옷도 받지 않았다. 천력 이후 말하지 않고 먹지 않기를 10여년, 시녀들을 바치면 "모두가 나의 사자다" 하고 불법의 주인임을 자인하였다.

중원에 병란이 일어나려 할 때 대중들에게 "나에게 병사가 얼마나 많은 줄 아느냐?" 물었는데 그가 가르친 절에는 고려의 승려들이 있었다. 얼마 후 고려의 군대들이 침범하자 북경 사람들에게 "죽지 않으려면 빨리 이곳을 떠나라" 하였다.

"나의 증조부의 휘는 사자형이고 조부는 곡반, 두 분이 모두 가비라국의 왕이었다. 내 아버지의 휘는 만(滿)이고 마갈제국의 왕이었으며 어머니는 향지국왕의 딸이었다. 형은 실라가 라파, 동생은 실리마니인데 어머니께서 위태천신에 기도하여 나를 낳았다. 어려서는 성품이 청정하여 술을 마시지 않았고 냄새나는 마늘도 먹지 아니 했다. 5세에 국어를 배우고 외국어도 습득하였다.

아버지가 병이 나자 백 가지 약을 썼으나 어떤 사람이 말하기를 세 아들 가운데 한 사람이 출가하면 병이 낫는다 하여 막내아들인 내가 지망하여 스님이 되었다. 아버님의 병은 즉시 나았다.

8세에 나란타사 율현스님에게 삭발염의하고 대반야경을 배

윘는데 제불, 중생, 허공 경계를 물으니 있는 것도 아니고 없는 것도 아닌 것이 참선반야다 하였다.

9세에 홀로 남인도 능가국에 가서 정음암에 계신 스승께 예배하니 물었다.

"인도에서 여기 까지 몇 걸음에 왔느냐?"

대답을 못하고 석등아래 앉아 6개월을 지내고서야 비로소 깨달았으나

두 다리가 떨어지지 않았다. 나라의 왕이 의사를 불러 치료한 뒤 가니 다시 물었다.

"몇 걸음에 왔느냐?"

"두 다리가 한 걸음입니다."

"좋다. 너 내 발우를 받으라."

하시고 정수리를 만져 주었다.

"내 밑에서 법을 받은 자가 243명이나 된다. 네가 산 아래로 한 걸음만 걸으면 사자새끼가 되겠구나. 앞으로 네 이름은 소나적사야라고 하라."

그래서 그 이름이 중국말로 지공이 된 것이다.

스승께서 큰 소리로

"앞으로 나아가면 허공이 넓어지고 뒤로 물러나면 만법이

다 잠기리라. 악!"

그 뒤 나리허국을 지나갈 때는 법화경을 설해주어 의심이 풀렸고, 향지국왕은 내가 왔다는 소문을 듣고 "내 조카로다" 하며 기뻐하였다. 화엄강사가 20종 보리심을 늘어놓고 설하자 내가 "하나가 곧 많은 것이요, 많은 것이 곧 하나라." 하니 그가 듣고 곧 깨달았다.

가릉가국 해안 귀봉산에는 범지가 살고 있어
"만일 낭떨어지에서 떨어져 죽으면 인간이 천상의 왕이 된다."
하자
"수행은 마음에 달려있지 옷에 달려 있는 것이 아니다."
하고 마리지산에서 여름 안거를 마치고 능가국으로 가 무봉탑(無縫塔)의 주인인 노스님을 만나 인사하고 떠났다.

우전국왕은 외도라 나를 시험하기 위해 기생을 불러 함께 목욕시켰다. 그는 인조 수미산을 만들어 놓고 그 앞에 술과 고기를 바치고 인성을 교제하였는데 그것을 음양공양이라 하였다.
"하늘은 지선(至善)이요. 인간은 정의(正義)인데 어찌 이런 것으로 사람의 마음을 바로 가르칠 수 있겠는가."
하여 포교하고 떠나려 하니 여러 가지 염주를 선사하였다. 이

를 본 비구니가

"저자는 누구인가?"

묻기로 "할"하니 "바늘 귀 속으로 코끼리가 지나간다" 하고 노래 불렀다.

사자국에는 여래의 발우와 불적(佛跡)이 때때로 방광한다 하여 친견하고 예배하였으며, 마니야국은 범지국임으로 들리지 않고 차라박국은 정사(正邪)가 교합해 있었다.

가나라국의 임금님이 나를 즐겨 맞으므로 대장엄공덕보왕경의 마혜수라왕 인지품을 설해주고 외도들을 피해 떠났는데 호랑이와 사자가 득실거렸다. 몽둥이로 사자들을 혼내고 사막인 신두국을 거쳐 오면서 복숭아 열매 두 개를 따 먹었더니 허공신이 도둑놈이라 호통치며 왜 절을 하지 않느냐 물었다.

"나는 불승이기 때문에 절을 않는다."

하니

"불승이 어떻게 주인의 승낙도 없이 과일을 도둑질 해 먹느냐?"

"너무 배가 고파 잘 못 되었습니다."

하니 놓아주었다. 적리라아국에 나아가니 여인들이 교합하기를 원했다. 그러나

"너무 배가 고파 아무 정황이 없다."

하니 갑자기 천리 가는 말이 나타나 어느 나라 국경에 내려 놓았다. 어떤 사람이 포박하여 가서 그의 양들을 기르라 하였다. 때 마침 큰 눈을 만나 동굴에 들어가 입정하였는데 7일째 되는 날 밖에서 광채가 나더니 눈을 치우고 들어온 사람이 나의 삼매현상을 보고 기뻐하며 의복과 보물을 보시하였다. 한참 동안을 가다가 사람을 만나니 참으로 기뻤다.

그러나 그 사람은 스님을 붙들어 왕궁에 데리고 가서

"날씨가 가문 것은 이놈 때문입니다."

"그렇다면 3일을 놓아 주었다가 그때까지 비가 오지 아니하면 그때는 잡아서 천재를 지내라."

하고 풀어 주었다. 스님은 향을 피우고 기도하니 3일 동안 연속 비가 내려 다 같이 기쁨을 느꼈다.

차룽타국에서는 우두(牛頭)로써 무들방석을 만들어 불을 지르고 사람들을 놀라게 한 뒤 산하대지가 한 조각을 이루었구나 하고, 아뇩달지 옆에 사는 도인 도암은 초막에 불을 지르고 "불을 꺼라! 불을 꺼라!" 외치므로 정병을 발로 차 버렸더니 "참으로 애석합니다. 어찌 이리 늦게 오셨습니까!"하고 인사하였다.

말라국에서는 부처님을 모신 외도가 정사(正邪)를 함께 행하기로

"모르면 미신이요, 바로 알면 정신(正信)이다."

하니 바로 정법에 귀의하였다.

성동 쪽에 화전하며 사는 보화상이 있었는데 밭을 갈면서도 씨를 뿌리지 않아 지공스님이 그릇 속에 씨앗을 들고 뿌리니

"오랫만에 채소가 나겠구나."

하고 춤을 추었으며 성안에 오 가는 사람 관계하지 않고 베를 짜는 여인이 있었는데 내가 비단을 잘라 버리니,

"오랫만에 비단짜던 일을 마치게 되었구나."

하고 베틀에서 내려왔다.

가마 속에 살고 있던 아뇩달국 성인스님은 가마 속에 살면서 얼굴에 검정 숯덩이를 바르고 오는 사람들 앞에서 춤을 추다 들어갔는데,

"씻고 보면 흑백이 둘이 아니다."

하니 들어가서 영영 나오지 않았다.

조사국의 길가에서 사는 남달스님은 오가는 사람에게 "어서 오십시오",

"잘 가십시오."

하고 절을 하므로 몽둥이로 세 번 쳤더니 한 주먹으로 되돌려
주었다.

적리후적국에서는 바라문법이 성했고 정거리국에서는 진망
법(眞妄法)이 성했는데 도적들에게 옷을 빼앗기고 벌거숭이
가 되었다.

예가라국왕이 대궐로 초청하여 설법하게 되었는데 보봉스
님과 함께 하였다.

그 동쪽 철산에는 흙과 돌, 나무가 없었고 햇빛이 비치면 마
치 화염산이 되었다. 7, 8일을 걸어 정상에 오르니 어느 곳이
나 하늘과 땅이 맞닿아 몇 천만리나 되었다. 동쪽 기슭에는 얼
음물이 녹아 강물이 흐르는데 그 양안에는 다리가 놓아 있었
다.

외로운 몸에 굶주림까지 극도에 달하여 들풀을 먹으며 세
번에 도착하였다. 내가 중국에 와 북인도 마하단트랄을 선번
에서 만나 안서왕의 부중에 들어가 왕의 스승 가제와 인사하
였다.

함께 살면서 법을 펴기를 원했으나 스님의 원은 견문(見聞)
에 있었으므로

"저의 수행은 학문에 있지 않습니다."

하니

"어떤 악업도 진언 한 구절이면 무량한 복전을 받는다."
하며
"고통의 뿌리를 제거하지 못하면 끝없는 세상을 윤회한다."
하였다. 왕이 여러 가지를 주었으나 받지 않고 나왔다.

　서번 마야제성에서 사람들이 따랐으나 잘못하면 그곳 스님
들이 주문으로 저주함으로 독약을 마시게 할 염려가 있어 그
냥 가려 하니 마치 중국에서 온 사신이 반특달까지 함께 가기
를 원했으므로 동행하였다.
　가당에 가니 주사(呪師)들이 죽이려 하여 화성으로 가서 성
주의 보호를 받으니 외도가 달려들어 이 한 개를 부러뜨렸다.
그래서 그 성주가 촉나라까지 호송하여 주었으므로 거기서 보
현거상을 뵙고 3년 간 좌선하였다.

　또 대독하에서는 도적을 만나 벌거벗고 도망하였고 나라상
땅에 이르니 한 스님이 승복 한 벌을 주어 입었다.
　금하사에서 내가 여자의 옷을 입고 머리가 긴 것을 보고 이
상하게 여겨 물었으나 말이 통하지 않아 인도글로 썼으나 알
아보지 못하므로 돌 무더기 옆에 누웠다가 잠이 들었는데 눈
을 떠 보니 강 건너에 와 있었다.

운남성 서쪽 문루에 올라가 입정하고 있으니 그 곳 스님들이 들어오라고 하여 조벤사 절 오동나무 아래 있었는데, 그날 밤 비가 왔으나 나의 옷이 젖지 않으니 사람들이 이상하게 생각하였다. 용천사에 가서 하안거를 지내고 반야경을 사경하였다.

대리국에서는 음식을 먹지 않고 호도 아홉 개만 먹으며 하루를 지내고 금치, 오철, 오몽 등의 씨족 부락을 지내니 서로 와서 예배하고 나의 모습을 조각해 사당에 모시고 예배하였다.

안녕주 스님이 물었다.

"옛날 3장이 이곳에 들어 왔을 때 한 번 엎드리고 나면 지역의 말을 만들었다는데 사실입니까?"

그래서 내가 약간 알고 있는 운남어로 이야기하니 머리와 팔목에 연비를 하며 법화경을 가르쳐 주기 희망하였다.

중경으로 가는 길에 여러 절에서 설법하였더니 태자가 나를 스승으로 섬기니 나라 사람들이 모두 발심하여 부처님을 섬겼다.

귀주에서는 공무원들이 모두 계를 받고 묘안, 요동, 청홍, 화죽, 타아, 길로에서는 여러 사람들이 귀한 채운을 가지고 와서 공양하였다.

진원부에서는 마왕선묘에 육공양을 올려야 강을 건널 수 있다 하였는데 내 큰 소리로 할(喝) 한 번 지르고 배를 출범시켰다.

상덕으로 가는 길에 금강, 백록 주로사와 관음산이 있었다. 동정호에서는 비바람을 멈추게 하니 호광성 참정이 쫓아내려 하는 것을 제어하자

"나는 인도 사람으로 귀국의 황제의 강복(康福)을 받고 천하태평을 위하여 왔는데 왜 나를 쫓아내려 하느냐?"

하니 수구러졌다.

여산 동림사에서는 전신탑에 예배하고 반야의 도리를 들은 양주태자와 관리가 배를 태워주었다. 대순승상의 아내 위씨가 고려사람이었는데, 숭인사에서 계를 받았다.

남경에 도착하여서는 태정황제가 알아보고 지극히 공경하였다.

이렇게 하여 스님은 천력 연간으로부터 중 옷을 벗어버리고 대부대감 대부태감 찰한청목아의 아내 김씨로부터 시주를 받아 징청리에서 살게 되었다. 스님은 변발과 긴 수염으로 장엄하니 모든 사람들이 의연하고 엄숙하게 바라보았다.

지정23년(1363) 겨울 내시가 와 출행할 시기를 물어오라 하

였는데, 속가첨목아가 겨울을 지내고 가라한다 하니,

"천수사는 나의 영당(影堂)이다."

하였는데, 그해 11월 29일 귀하방장(貴下方丈)에서 입적하였다. 황제의 명령을 따라 성·원·대의 모든 관사에서 의식을 갖추고 호위하여 천수사에 감실을 마련하고 안치하니 이사대부, 도건첨목아 평장, 백첨목아가 향을 가지고 와서 스님을 배알하고 향과 찰니를 바른 베와 매화나무, 계수나무, 비단 등을 사용하여 육신을 빚어 무신년 가을 병임성에서 다비하고 유골을 4등분, 달현, 청혜, 법명과 내정 장록길이 각각 가지고 갔다.

그의 달현이 바다를 건너올 때 사도 달현은 청혜에게서 스님의 유골을 얻어 가지고 우리나라로 돌아왔다.

임자년(1392) 9월 16일 회암사에 부도를 세우고 탑 안에 넣으려고 유골을 물에 씻다가 사리 몇과를 잃었다.

스님은 인도에서 문수사리의 무생계경(無生戒經) 2권을 가지고 왔기 때문에 참정 위태박이 그 첫머리에 서문을 쓰고 스님이 손수 원각경이라 썼으며 구양승지가 말미에 발문을 썼다. 스님의 많은 게송과 글들이 장차 세상에 퍼져 나갔다.

운남의 오(悟)는 보지 않은 일은 말 하지 않는데 9세 때 스님을 의탁 출가하였는데, 그 때 스님의 나이는 60갑자를 한 번

돌았었다고 한다. 오나라 나이로 말하면 스님 나이 75세에 입적한 것으로 되어 있다.

김운강의 승려 인걸이 말하였다.

"문인 겸 임관사 주지 달온이 스님의 행적을 기록하여 마치 살아있는 분을 섬기 듯 지극하게 받들었다. 나옹의 제자 각봉이 '저의 스승이 스님을 모셨으니 저 또한 스승의 손자입니다' 하고 정업원 주지 묘장비구니와 연석을 사서 회암사 언덕에 부도를 세웠다."

이 일이 궁내에 알려지자 교지를 내려 이색에게 명(銘)을 짓게 하고 신 한수에게 글을 쓰게 하였으며 권중희에게 전자로 액(額)을 쓰게 하였다.

이색이 말했다.

"스님의 육신은 이미 화장되어 넷으로 나누어졌으나 그 유골은 여기 탑으로 모셔지게 되었으니 이 글을 쓰는 자는 누구며 지공은 어느 곳에 계신가 하고 명을 지었다.

"스님의 족적은 서역 만왕의 아들로 보명의 적통이다.
난경에서 지우를 만나 연화각을 방문하였으니
왜 그리 때가 늦었는가.

우리나라에서도 가지 않은 곳이 없었으니 옥상의 병수와
같았다. 천력의 스님들이 권세를 믿고 날뛰었으나
스님의 명성만 못했고 지금도 옷 입으시니 도예가 더욱
높도다.
미친 말, 촌 지꺼리는 내 알바 아니지만 사전의 병화를
분명 밝혔으니 미리 통달한 지혜는 정통한 도 때문이다.
어떤 이는 의심 비방하였으나 스님은 관계하지 않했다.
사리 이미 빛이 나니 송구하지 아니할 수 없다.
누가 사람의 성품은 끝내 선하다 하겠는가.
여기 회암사 터를 잡고 명을 새겨 세우니
조금도 와전됨이 없게 하여 길이 귀감이 되게 하노라."

라. 미지산 용문사 정지국사비명(正智國師碑銘)

나옹스님

홍무28년(1395) 가을 7월 초9일
고승 천공(智泉)이 천마산 적멸암
에서 적멸하셨는데, 다비 후 제자
지수(志修)에게 현몽하기를
"왜 사리를 거두지 않느냐?"
하여 가서 보니 맑고 깨끗한 사리가
무더기로 나와 있어 예배하고 고유
한 뒤 나라에 알리어 주상천하께서

듣고 일찍이 듣지 못한 일이라 칭찬하시고 스님의 시호를 정지국사라 내리셨다.

지공스님

휘는 지천이요, 속성은 김씨, 재령인이다. 아버지의 휘는 연(延)이니 벼슬이 사제부령이었고 어머니 윤씨는 의정부의 사족이었다.

원 태정 갑자년(1324)에 태어나 19세에 정수산 현암사에서 삭발하고 바로 선지를 구해 수련하다가 뒤에 능엄경을 보고 이어서 남명화상 증도가를 읽고 크게 깨쳤다.

지정 계사년(1353)에는 무학스님과 함께 연경 법천사에 들어가 지공스님을 뵙고 나옹스님께 사사하였다. 5대산에 가서 백봉스님을 뵙고 병사 조중목을 만나니 '쓰源'이란 범자를 전서로 써서 주었다.

1356년 귀국하여 포교하다가 홀로 운산에 들어가 살았다. 입적 직전 시자와 영결, 가부좌하고 시적하니 사리가 난 뒤에야 그의 명성이 세상에 더욱 드날리게 되었다.

나이는 72세로 법납은 54세였다.

스님은 자신의 깨달음을 숨기고 이류(異類)중생들 만을 교화하다가 가셨다. 30년 동안 스님을 섬긴 각만스님은 "스님은 절박, 성실, 평범하여 꾸밈이 없었기 때문에 일반인과 구분하기 어려웠다”고 말한다. 그래서 노래불렀다.

우뚝 선 천공은 묵묵히 진리를 깨달았다.
자취는 밖으로 들어나지 않고 지혜는 안으로 밝았다.
처음에는 중국에 까지 다녀왔으나,
나중에는 은둔 자취를 감추었다.
깨달음 없는 깨달음, 들음 없는 들음
한 세상 살다간 냄새 없으니 누가 그 덕상을 알겠는가.
오직 사리가 있어 그 영험이 빛났어라.
돌을 깎아 탑을 만든 곳은 산의 양지쪽
은근히 나라를 보호하며 영원히 빛나리라.”

마. 정릉원당(貞陵願堂) 흥천사조성기(興天寺造成記)

태조5년(丙辰) 가을 무술일에 우리 소군 현비 강씨(康氏)가 붕어하였다. 왕이 매우 슬퍼하며 유사에게 명하여 시호를 신덕왕후(神德王后)라 짓고 왕궁 서남쪽에 묘를 만들고 이듬해(丁巳) 정월 갑오일에 정릉을 조성한 뒤 흥천사를 지어 왕후의 명복을 빌게 하였다. 1년이 지나지 않아 약 17여 칸 불전, 승방, 대문, 행랑, 부엌, 욕실 등이 완성되어 소상 때 전지 1천석을 내리고 낙성식을 크게 거행하고 조계선종의 본사로 삼았다.

9월 신 권근에게 부탁하였다.

"내가 세상에 있을 때부터 안팎 일을 보살펴 나를 편안하게 해 주었는데 이제 시봉을 잃으니 허전하기 짝이 없다. 왕후를 위해 절을 지었으니 그 기록을 남겨다오."

신 근이 듣고 글을 지었다.

"옛 군왕이 나라를 세울 때 하늘에서 내린 배필이 왕후가 되어 일을 돕지 아니한 것이 없다. 하의 도산(途山), 상의 유실(有莘), 주의 태임(太荏)과 태사(太姒)를 역사에서 찬미하고 빛나게 찬탄하였다.

삼가 신덕왕후는 타고 난 자질과 아름다운 태도로서 근검, 절약, 곤도(坤道)를 지키면서 건도(乾道)를 보살펴 종실의 제사에 효순과 공경을 다했다. 예의법도가 뛰어났으며 올바른 행위가 관저(關雎)에 기초하여 아랫사람들의 본이 되었다.

아침저녁으로 근면, 탐닉하지 아니하고 사사로운 간청에 귀 기우려 왕업을 보필하고 왕자들을 낳아 만세에 본이 되었다.

한 없이 복을 누려야 할 여인인데 불행히도 단명하니 그 혼령을 찾을 길이 없다. 주상께서 내조 없음을 슬퍼하고 신하와 백성들이 국모가 없음을 한탄하였다. 왕후의 제복에는 빛이 없고 묘에는 햇빛이 가리어져 수심 찬 구름이 오르내리고 있으니 참으로 슬픈 일이다.

그러나 천자도 이 소식을 듣고 슬퍼하고 애도하였으므로 이

흥천사

사실을 죽백(竹帛)에 기록하여 훗날에 알린다.

절을 짓고 경을 써 중생의 혼령을 달래면 천지도 감응한다 하였으니 이 글로 인하여 임금님의 마음이 편안해 지고 백성들에겐 한량없는 복이 내려지기를 바란다.

다음에는 정종공정왕(定宗恭靖王)시대 있었던 일들을 낱낱이 살펴보았다.

(2) 정종공정왕(定宗恭靖王, 1398~1400)과 태종대왕(1400~1418)

정종은 2년동안 재위에 있었다.

원년(1399)에는 장단군, 오관산 성등암을 중창하게 하고 전지 1백결과 노비 16구(口)를 시납하였는데, 태상왕께서 오대산 중대 사자암을 중창하라 하여 중창하였더니 11월에 친히 왕림하여 낙성하였다.

그러니까 오대산에서 온 이견스님이 "옛날부터 있던 곳인데 풍우에 시달려 없어져 오고 가는 사람들게 실망을 준다는 말을 듣고 비보사찰(裨補寺刹)의 하나로 3칸을 지은 것이다. 1칸은 봉불당이고 한 칸은 승방, 한 칸은 문간과 세탁(洗閣)하는 곳이었다.

태조는 옛부터 관악산 연주암(戀主庵), 원각사를 짓고 속리산 법주사 상환암에서도 백일기도, 임실군 상이암(上耳庵)에서 기도한 바 있으니 오대산이 빠질 수 있겠는가.

태종원년(1401) 함흥에 있는 적수사를 태조가 공부한 곳이라 하여 설봉산 귀주사로 바꿔 불렀다.

동국여지승람기에 보면 한서성 흥덕사는 연희방에 있는 교종사찰이었는데 건문3년(1401) 태상왕께서 그 동쪽에 새 전각을 지으라 하였다.

고려 태조가 3한을 통일하고 사제로 광명사와 봉선사를 지은 것은 국가를 이롭게 하기 위해서였던 것이니 나도 거기 절을 세워 영원히 복국사찰을 삼고저 한다 하여 정전에는 석가 출가상을 그려 모시고 북쪽 상인방에는 밀교대장경을 안치하였다.

또 동쪽에는 능엄경, 서쪽에는 수륙재의문을 안장하였다. 뿐만 아니라 좌우행랑에는 선방, 강원을 만들어 정리하고 강의하기에 편리하도록 하였다. 연못이 내려다 보이는 곳에는 작은 전각을 세워 부엌, 창고, 대문, 행랑을 편의대로 설치하였으니 집은 그리 크지 않아도 정성은 호국만민에 꼭 맞는 곳이었다.

서산대사 설봉산 석왕사기에도 태조가 왕위에 오르기 전 무학을 찾아가 꿈 해석을 받은 일이 기록되어 있다. 어느 날 꿈을 꾸니 헌집을 뜯어 서까래 셋을 짊어지고 오는데 닭이 울고 꽃잎이 떨어지고 거울이 깨져 소리가 났다. 이상하여 물으러 가니 한 여아가

"어머니가 출행하여 계시지 않으니 나에게 물으시면 내가 알려드리겠습니다."

하여 이야기 하였더니 꿈은 해석해 주지 않고 "나에게 꿈을 팔라"하여 그냥 돌아 오는데 진짜 어머니가 마실 갔다가 돌아와 이야기 하니,

"그 꿈은 감히 여자가 해석 할 수 없는 꿈인데 어찌 경솔하

게 살 수 있겠습니까. 저 산 넘어 큰스님(무학)이 있으니 거기 가서 풀어 보세요."

하였다. 무학이 듣고,

"이는 필시 대왕이 될 꿈입니다. 서까래 셋을 짊어진 것은 임금왕(王)자의 뜻이고, 헌 집은 고려이며, 닭소리는 새벽을 알리는 것이고 꽃이 떨어지면 반드시 열매가 열립니다. 거울이 깨져 소리가 난 것은 천하에 소문이 날 일이니 근신하시고 천하 명산에 가서 기도 드리시기 바랍니다."

그리하여 8도강산을 돌아 다니며 기도하였는데, 남해 금산에서 금척(金尺)을 받아 등극의 기별을 받고 자신을 가졌는데 채원스님의 글에 보면

"급하게 서두르면 될 일도 안되니 3년 동안 500나한을 모시고 재를 지내라."

하여 지내는데 3년이 걸렸다 한다. 왕위에 오른 뒤 태조는 무학스님이 계셨던 자리에 석가사를 짓고 소나무와 배나무를 심었는데 지금도 그 나무가 살아있다.

태조 2년에는 서운관에서 아뢰었다.

"고려태조가 3한을 통일하자 어떤 사람이 와서 말하기를 '산이 통하고 물을 거슬러 흐르는 곳에 절과 탑을 세워 법회를 가지면 국가가 진정되고 평안하리라 합니다' 하여 곳곳에

원당 절을 짓고 시주를 하다보니 절은 부유해졌으나 백성은 가난하게 되었다. 모든 것은 분수에 맞춰 실행하면 나라가 태평하게 되니 밀기(密記)를 마친 70개 사찰 이외는 조세를 군자감에 돌려 나라를 지키는 병정들과 일을 하는 노비들께 나누어 주는 것이 옳겠습니다."

왕은 이 말을 듣고 그대로 하였다.

왕강년 왕사 무학스님이 금강산 강장암에서 돌아가 변계량이 비문을 쓰고 가랑대부 한상윤, 보문각 제학 공부가 교세를 받고 쓰고 전각하였다.

6년 3월 전국사찰 가운데
   ① 조계종, 총지종, 70개 사찰
   ② 천태소자종, 법사종 43개
   ③ 화엄종, 도문종 43개
   ④ 자은종 36개
   ⑤ 정토종, 신인종 30개
   ⑥ 남산종, 시흥종 10개 사찰 만 남기고 나머지는 사태하였다.

명 황제가 태감 황림을 보내 제주 동불을 모서 가는데 조선의 관리 가운데 한 사람도 불상에 절하는 사람이 없어 태종이 한탄하였다.

7년 지난 해 절들을 사태할 때 역사적 가람을 마구잡이로 없애다 보니 없어진 절에 주지임명을 받은 사람도 있으니 각 지방의 자복사를 병찰로 대체하여 방황하는 스님들을 살 수 있게 하였다.

당시 남아있는 종파는 조계종, 화엄종, 자은종, 중신종, 총남종, 시흥종, 천태종이었는데, 나중에는 양종(兩宗)만 남고 모두 없어졌다. 모두 이것은 왕궁 탑재가 절과 이어져 있어 왕과 후궁이 달마다 절에 가서 향을 피우고 초파일과 연등대재 때는 큰 법회가 이루어졌다. 이로 인해 사찰과 종이 수만개가 되고 주지들은 부를 축적하여 공경대부보다 나았고, 스님들 가운데는 나라의 벼슬을 받아 사회적 질서가 허물어져가므로 불가피 태종이 불교를 혁파하고 유교를 내세웠던 것이다.

8년 태상왕이 죽어 건원릉에서 인산을 치르고 개경사를 재사(齋社)로 삼았다. 지금까지의 재사를 보면

① 건원릉과 현릉에는 개경사가 있고

② 재릉에는 연경사

③ 후릉에는 흥교사

④ 광릉에는 봉선사

⑤ 경릉과 창릉에는 정인사

⑥ 여주로 이전한 영릉은 신륵사를 보은사로 삼았다.

다만 현릉만이 제사가 없었으니 태종은 유교를 신앙했기 때문이다. 홍천사에 속했던 전민(田民)들도 모두 관청으로 예속시켰다.

13년 해인사 대장경을 인출하여 심한 가뭄 때문에 무당과 스님들에게 맡겨 기우재를 지냈다.

이렇게 불사(佛寺)를 혁파하고 스님들을 가혹하게 하면서도 변계량이 쓴 무학스님의 비문을 읽고 조선조의 역사가 새삼스럽게 개탄되기도 하였다.

바. 무학대사 비문

무학스님의 존칭은 많기도 하였다.

① 대조계종사(大曹溪宗師)

② 선교도총섭(禪敎都摠攝)

③ 전불심인(傳佛心印) 변지무애(辯智無碍)

④ 부종수교(扶宗樹敎) 홍이보제(弘利普濟)

⑤ 도대선사(都大禪師) 묘엄존자(妙嚴尊者)

태조원년 10월 묘엄존자께서 염향축수하고 제산의 납자들에게 말했다.

"이 불자는 3세제불이 말하지 않고 역대조사도 전하지 못했는데 대중이 이를 알 수 있겠는가."

하고 다시 임금님을 .향해

"유교는 인(仁)이요 불교는 자비이지만 쓰는 데는 한 가지입니다. 백성을 보호하기를 어머니가 갓난 아기를 살피듯 하는 것입니다. 죄지어 악도에 빠져있는 중생들을 어여삐 여겨주십시오."

하니 그 자리에서 중앙과 지방에 묶여있는 죄수들을 놓아주라 하였다. 한산군 목은이 찬탄하였다.

"성주는 용, 왕사는 부처로세."

함께 모여있는 사람들이 다 함께 함성을 지르며 감격하였다.

스님은 회암사에 들어가 지공화상의 부도아래 나옹스님의 수탑을 세우고 가을엔 나이를 핑계 삼아 주지를 사임하고 용문사로 가서 이듬 해 정월 다시 주지로 임명하자 잠깐 회암사에 들어갔다가 사임하고 금강산으로 들어가 열반하였다. 그래서 변계량이 탑명을 지었다.

"제자 조림이 찬술한 국사의 행장을 보니 스님의 휘는 자초,

호는 무학, 머물던 곳은 계월원, 세수는 79세, 법랍은 61세였다. 속성은 박씨이고 영남 삼기에서 태어났다. 아버지의 휘는 인일(仁一), 어머니는 고성 채씨(蔡氏)이다.

어머니가 햇살이 밝게 비치는 것을 보고 정묘년 9월 20일 태어나 어려서부터 청소하고 글 배우기를 좋아하니 남들이 감히 따라가지 못했다.

18세에 혜감국사의 상족인 소지에게 삭발하고 용문사에 이르러 혜명국사 법장에게 법을 배웠다. 부도암에 있으라 하여 있었는데 갑자기 화재가 나 모든 것이 다 타버렸는데 스님은 홀로 가부좌하고 앉아 있었다.

병술년(1346) 능엄경을 보다가 한 소식을 얻고 용맹정진하였다. 진주 길상사로 옮겨 있다가 이듬해 여름 금강산으로 가 있다 계사년 가을 연도로 달려가 지공스님을 뵙고

"3천 8백리를 달려와서 스님을 뵙습니다."

하니

"고려 사람들은 다 죽었구나."

하였다. 이듬해 정월 범천사에 이르러 나옹스님을 뵙고 무령 5대산을 거쳐 서산 영암사에서 다시 나옹스님을 뵙고 식음을 전폐하고 정진하였다.

나옹이 하루는 섬돌 위에서 물었다.

"옛날 조주스님이 수좌에게 돌다리를 보고 누가 만들었느냐?"

"이응(李膺)이 만들었습니다."

"어디부터 지었는고?"

두 손으로 섬돌을 들어 보였다. 그날 저녁 나옹이 스님 방에 들어가

"오늘에야 너를 속일 수 없다는 것을 내 알았노라. 나와 너는 이제 한 집안 사람이다. 네가 급히 떠난다고 하기에 한 마디 부쳐준다.

주머니 속에 따로 한 세계가 있으니
동서 삼현(三玄)을 마음대로 쓰라
어떤 사람이 그대에게 참마음 물으면
얼굴을 쳐 거꾸러 뜨리고 다시 말하지 말라.

조선땅에 돌아다녀 보니 나옹스님은 벌써 지공스님의 뜻을 따라 삼산양수처(三山兩水處) 원효암에 머무르고 있었다.

기해년 여름 스님이 가서 뵈니 나옹이 불자 하나를 주었다. 나옹이 신광사로 옮겨지자 함께 따라갔는데 문도들 가운데 시기질투하는 자가 있어

"의발을 주는 것이 일구만 못하다." 하고 게송 하나를 읊으

셨다.

이별할 때 따로 상량처가 있으니
누가 그 현묘한 뜻을 알겠는가
여러 사람들이 제 마음대로 옮겨 가지 못한다 하더라도
나의 말은 겁공(劫空) 앞을 뚫고 지나가리라.

고달산 덕암에 가 있다가 송광사에 계신 나옹스님을 따라가
니 스님께서 의발을 부촉하고 게송을 읊었다.

병진년 여름 나옹이 회암사로 옮겨 주석하면서 낙성회를 크
게 베풀면서 급히 스님을 주청 수좌의 자리에 앉히려 하니 스
님이 극력 사양하였다. 이에 나옹이

"일을 많이 주관하는 것이 물러나는 것만 못하기 때문에 임
제 덕산도 수좌를 지내지 않았습니다."

나옹이 열반에 들자 스님은 여러 산에 다니면서 이름을 숨
기고 은둔하였다.

전조 말 스님을 초청하여 왕사로 모시려고 하였으나 대사는
전혀 나아가지 않았다. 그러다가 임진년 말에 거처를 안 뒤 계
유년 태조가 자리를 살펴 도읍을 세우고자 하니 계룡산으로부
터 한양까지 모두 어가를 따랐다.

그해 9월 스님이 지공, 나옹스님의 두 탑과 나옹스님의 진영 모시는 낙성식을 회암사에서 크게 베풀었다.

지공의 천검과 평산의 할을 받고
어전에서 공무선을 주관하였도다
마지막 신령한 광채 사리 남기셨으니
3관의 조실로서 만년에 전하리라.

시월에 나라에서 연부사에게 전장불사를 베풀었다. 스님은 스스로 무인년에 사퇴하고 대중을 대하기를 꺼려하다가 왕명으로 다시 회암사를 거쳐 금강산 진불암으로 돌아갔다.

을유년 봄 가벼운 병이 있어 시자가 약을 올리니

"나이 80에 약은 무슨 약이냐!"

하고 4월 금장암으로 옮겨 입적하였다.

8월에 의안대군의 편지를 받고

"뒤에 부처님 회상에서 만나자."

한 뒤 대중에게 유언 입적하였다. 한 스님이 물었다.

"여기서 흩어지면 어느 곳으로 가십니까?"

"모른다. 색신은 흩어진다 하지 아니했느냐. 법신! 이것이니라."

하고 그만 입적하였다.

그때 화엄종 찬기가 송경 법왕사에 있었는데 꿈에 스님이 부처님 정수리에 핀 연꽃 속에 있는 것을 보았다. 꿈을 깨고 나니 괴이하게 생각하여 대중에게 꿈 이야기를 하고 있는데 부고가 왔다.

스님의 저서 〈인공음(印空吟)〉을 용문사에 두었는데 문정공이 그 말에 발문을 썼다.

"스님은 성품이 질박하여 꾸미는 것을 좋아하지 아니했으며 먹는 음식 또한 널리 베풀어 남는 것이 없게 하였다."

"억만가지 행 중에 동자행이 제1이다."
하고 늘 베푸시기를 좋아하였다. 늘 공손한 마음,
　만물을 사랑하는 마음은 억지로 힘써 한 것이 아니다.

이렇게 신 계량이 탑명을 쓰고 자지홍융(慈智洪融)이란 비명을 썼다.

스님의 도는 뛰어나 범인들이 생각할 바 못됩니다
　나옹스님의 적자요, 태조의 스승, 사는 모습은 어린아이

안목있는 자로 보면 화살촉처럼 날랐습니다
발우 하나와 옷 한 벌로 겸손하게 사셨으니
존귀하고 높은 품격은 배워서 이룬 것이 아닙니다.
혹 나아가고 물러섬에 모르는 바가 없었으니
하늘이 내린 스님의 나이 일흔하고도 아홉이었네

오실 때는 일찍이 어머니 품에 비쳤고
가실 때는 또한 연꽃 위에 활짝 피었습니다
곳곳의 제자들이 흔적을 드러 내고자 하나
천지 사이 돌 보다 오래 가는 것 없기에
이 명을 새기어 후세에 전합니다.

3. 스님의 옷(三衣)과 발우·니사단(尼師壇)

스님 장삼

부처님께서 삼처전심(三處傳心)으로 선(禪)은 마하가섭에게 전하고 교(敎)는 아난존자에게 전하시고, 율(律)은 우바리존자에게 전하셨다.

출가수행자는 누구나 삭발(削髮) 염의(染衣)하고 승가이(僧伽梨)를 입은 뒤 발우로 걸식(乞食)하고 니사단(좌복)을 깔고 앉아 좌선하던지 설법하여야 한다고 하셨다.

세종대왕이 가사불사를 하고자 하였으나 그 내용을 잘 알지 못하므로 함허득통(涵虛得通)선사에게 물었다.

이에 스님께서 여러 가지 가사 종류와 색, 장단(長短) 등 여러 경론에 있는 것을 이끌어 설명해 주었다.

(1) 가사(袈裟)의 종류

삼세제불(三世諸佛)이 똑 같이 네 가지 물건을 사용하였으니, 안타회(安陀會)와 발다라(鉢多羅), 니사단(尼師壇)과 녹랑(漉囊)이다.

안타회는 세 가지가 있는데
겨울에는 무거운 것(重衣)을 입고
여름에는 가벼운 것(輕衣)을 입고
봄, 가을에는 중간의(中間衣)를 입는다 하였다.

〈分別功德論〉

살바다론(薩婆多論: 十誦律論)에서는
"3의는 3독을 끊고, 5조(條)는 탐심을 끊고,
7조는 진구(塵垢)를 끊고, 대의(大衣)는 치심을 끊는다"
하였다.

좋은 옷은 단월이 섭섭하지 않게 받되
미득도자가 들으면 탐착할까 두렵고

도둑들이 들으면 목숨을 빼앗길까 두렵다
그래서 여기서 누비옷이 생긴 것이다.

(2) 가사의 색깔

여러 가지 색깔을 물들여 입으므로
부정색(不正色)이라 하며
도 닦는 사람들이 입으니 도복(道服)
생사를 벗어나는 사람이 입으니 출세복(出世服)

이 옷을 입으면
법 다운 행이 나오므로 법의(法衣)
번뇌망상을 벗어나므로 이진복(離塵服)
번뇌를 털어버리므로 소수복(消瘦服)

연꽃처럼 물들지 않으므로 연화복(蓮華服)
흑니(黑尼) 청동(靑銅) 모란색(木蘭色)이므로
건타색(乾陀色) 간색복(間色服)이라고도 한다.

사랑과 고통을 가르치므로 자비복(慈悲服)
인천에 복전이 되므로 복전의(福田衣)

조각조각 붙여 입으므로 잡쇄의(雜碎衣)

여러 겹이 겹침으로 중복의(重複衣)라고도 불렀다.

(3) 가사의 작용(作用)

왕궁, 취락에 들어갈 때 입는 옷이므로

울다라승(鬱多羅僧), 안타회(安陀會), 승가리(僧伽梨)라

하기도 한다.

많은 사람들이 모이는 장소에서 입는 옷이라

대중의(大衆衣)라 하기도 하며

절 안에서 간단히 입는 옷이라 하여

안타회(安陀會), 하의(下衣)라 부르기도 한다.

청정한 사람들이 입는다 하여 범복(梵服)

생명을 살리는 옷이라 하여 방생복(放生服)

한량없는 뜻을 가졌다 하여 무량복(無量服)으로 부르지만

가늘고 얇은 자연 그대로 생긴 것, 성글고 부드럽고

비단무늬, 주름진 명주, 꼼꼼이 짠 비단(絹),

거친 피륙(毛皮), 면포, 누비, 쑥,

섞이지 않아야 한다 하였다.

또 가는 털로 짠 베(毛織)는 입지 않고

붉은 비색(緋色), 빨간 홍속(紅色)

붉으면서도 흰색이 나는 자색(紫色)

푸른색(靑綠色), 벽색(碧色), 금색(錦色)

얼룩얼룩 반짝이는 반색(斑色)은 세상 사람들이 탐하므로

함부로 쓰지 아니하였다.

도인의 의상은 숲속의 선인(仙人)과 같아야 하기 때문이다.

(4) 제작방법

가사를 만들 때는 몸에 견주어

어깨에서 발 복사뼈까지 네 손가락 정도 감을 맞추어

하의는 5조((條. 九, 十, 十三條)

양장일단(兩長一短)으로 하고,

증의는 7조(十五, 十七, 十九),

양장일단(兩長一短)으로 하며

대의는 二十一조, 二十三조, 二十五조

사장일단(四長一短)으로 한다.

길고 짧음은 세간의 전답(田畓)과 같아

고저장단에 맞추어 물을 대면

곡식이 잘 자라기 때문이다.

조입(條葉)의 모양은 승기율(僧祇律)에

넓으면 네 손가락(4촌), 좁으면 큰 보리(大麥)만큼 하고

조엽을 꿰맬때는 아래 끝은 열게 열어 놓는다.

또 왼쪽은 왼쪽을 향하게 하고

오른쪽은 오른쪽을 향하게 하되

중조는 좌우로 향하게 한다고 하였다.

아랫 깃이 자주 달아질 염려가 있으므로 조심하고

비 올 때는 빗물이 옷 속에 들어가지 않도록 주의하였다.

여기 문답이 이루어졌다.

남산(道宜)스님이 물었다.

"요즘 서역스님들을 보니 옷깃(衣葉)을 꿰맨 사람들이 많은데 어찌된 일입니까?"

"부처님 떠나신지 세월이 많이 흐르니 북인도 스님들이 외도와 함께 지낸 분들이 많았는데, 외도들이 시기 질투하여 옷깃 속에 날카로운 칼을 넣고 고발하여 그로 인하여 많은 스님들이 희생된 일이 있다. 어찌했던 이렇게 하여 북인도 스님들 옷이 두, 세 겹씩 만들어 진 것도 있었다. 야사스님은 그렇게

해서 돌아가신 것으로 안다.

옷을 잘 못해 입으면 지옥에 떨어져 무수한 세월을 고생한다 하였고 4각에 네모를 붙인 것은 귀퉁이를 바르게 하기 위해 한 것인데 나중에는 4천왕을 상징한 천왕(天王)자를 붙이기도 하였다.

그러므로 가사입는 사람은 나무, 물, 흙 등 짐을 지지 말고 소제하지 않으며 상좌 이외에는 함부로 절을 하지 않는다 하였다.

그러므로 중은 언제나 3의를 단정히 입고 마을에 들어가라. 잘못하면 음녀, 코끼리 코와 같다는 비난을 받게 된다. 귀 빠진 옷이나 구멍 뚫린 옷은 입지 말라."

(5) 가사의 공덕

가사의 공덕은 많이 있지만

첫째 중이 중 답지 않은 사람이라도 한번 가사를 입으면 다시는 3승에 퇴타하지 않고

둘째 천룡, 귀신의 공경, 공양, 찬탄을 받고

셋째 귀신과 인, 비인들을 제도하고

넷째 자비심으로 중생들의 투쟁을 말리고

다섯째 병마나 소승에 걸리지 않는다.

여섯째 미래세에는 반드시 성불한다.

옛날에 단니가가 관청 물건을 훔쳤다가 병사라의 특사로 나왔고, 날개가 6천리나 되는 금시조가 가사를 보고 용의 난을 벗어났다. 그러므로 가사는 법륜(法輪)의 깃발이며 포교사의 군화이고 매의 두 날개와 같다.

그러므로 부처님께서 전법의 표식으로 가섭존자에게 가사를 전했고 계륵산에 들어가 미륵보살에게 전하기 위하여 대선정에 들어있는 것이다.

자료로 말하면 한 조각의 베에 불과하며 양으로 말하면 3조, 25조에 불과하지만 법으로 말하면 3천대천 세계를 다 싸고 8만 법장을 다 감싸고도 남기 때문이다.

선재해탈복(善哉解脫服)

무상복전의(無上福田衣)

아금정대수(我今頂戴受)

세세상득피(世世常得被)

여기 만약 발우와 니사단까지 갖춘다면 용이 물을 얻은 것 같고 호랑이가 산에 깃든 것 같은 것이다.

발우는 4천왕이 바친 네 개가 있으나 상용하는 발우는 큰 발

우로 흙으로 만든 것, 나무로 만든 것, 철로 만든 것 등이 있고,
니사단(좌복)은 각기 몸에 맞도록 만들어 언제 어느 곳에서나
습기, 악충을 피하면 그 공덕을 다 수용한 것이 된다.

성왕은 이렇게 법도를 살펴보고 전국의 승도에게 알맞은 옷
을 해 입혔다.

4. 세종장헌왕(世宗莊憲王)의 불심

(1) 중국에서 사리를 구해오다

원년(1419)에는 명 황제가 홍천사에 소장하고 있는 사리를 구해왔다.

김전이 말했다.

"석탑 속에 들어있는 사리 4과는 신라 때부터 대대로 내려 온 보물이니 영험하고 신이합니다."

"스님이 그런 말을 할 수 있겠으나 나라의 체통을 생각하면 어쩔 수 없다. 천자가 구하는 보물인데 어찌 인색할 수 있겠는 가."

(2) 년총환원(年總還願)과 경행(徑行)의 폐지

매년 연말이 되면 불우산천(佛宇山川)에 기복하는 일이 있 었는데 왕이 변계량에게 말했다.

"연총환원은 선왕 정후의 기재(忌齋)를 겸한 것이나 이 또

한 절에서 하는 일이니 폐지하는 것이 좋겠다. 원경왕후 민씨가 돌아 가셨어도 불사를 일으키지 않고 단지 가을에 사문득통(得通)을 청하여 법회를 열어 명복을 빌었다."

신축년(1421) 가을 대자어찰에 주지를 모시고 선비 대비전하를 위하여 영산승석(靈山勝席)을 베풀었다. 종실의 왕과 부마가 모두 봉향하고 법문을 들었는데, 스님의 음성이 맑고 깨끗하여 그의 가르침을 따르지 아니 한 사람이 없었다.

왕 4년(1422) 고려 때부터 봄과 가을에 행하던 경행을 폐지하였다. 반야경을 독송하며 나팔을 불고 번과 개를 늘어 세우고 향불을 들고 거리를 행진하는 의식이었다. 질병이나 액문을 물리친다고 생각하였기 때문이다.

(3) 일인들의 대장경 요구와 신미스님의 한글구상

5년에는 일본에서 전장군 의지가 찾아와 대장경을 구하였다. 이때 임금님께서는 함허스님과 그의 시봉 신미스님을 모시고 의논하였다.

"유생들은 필요도 없는 대장경을 모시고 시끄럽게 하니 일본에게 주고 그 건물까지 뜯어가게 하는 것이 어떤가?"

"그건 안될 말입니다. 고려 때 원나라의 침입을 그것으로 막았는데 어떻게 호국대장경을 적에게 준다는 말입니까?"

싼스크리터 문자(梵語文字)

"한문으로 되어 있어 보는 사람도 없으니 차라리 그렇게 하는 것이 낫지 않겠는가?"

"그렇다면 제가 그 내용을 쉽게 알 수 있는 글자를 만들어 보겠습니다."

그 후 신미대사는 빨리어와 싼스크리트의 원리를 응용하여 한글을 만드니 그 글자 수가 28자였다.

(4) 종파의 통폐합

대왕은 대사헌 허연의 상소를 따라 13종을 7종으로 줄였다가 마침내 선교양종으로 만들고 승록사를 폐하였다.

15년 4월 1일 기화(己和)스님이 입적하였다. 그의 행장을 정리해보면 다음과 같다.

(5) 함허당(涵虛堂) 기화(己和) 스님의 행장

스님의 호는 기화이고 법호가 득통이다. 본래 이름은 수이(守伊)이고 세속호는 무준(無準)이다. 함허당은 거처하는 방의 이름이다. 속성은 유씨이고 충주사람이다. 아버지 청(聽)은 벼슬이 전객사(典客寺)였고 어머니는 방씨(方氏)였다.

충무9년 11월 17일에 태어나 어려서 성균관에 들어갔다. 21세에 친구의 죽음을 보고 관악산 의상암(연주대)에서 삭발하고 이듬해 회암사에 이르러 무학스님께 공부하였다.

하루는 용맹정진하다가 고개를 들어보니 흰 구름이 산을 넘는 것을 보고,

"산뼈가 구름 속에 섰구나(山骨立雲中)"

하고 다시 화장실에 물통을 부으면서,

"放下洗桶云 惟比一事實"

이라 하였다.

병술년 여름 공덕산 천마산 대승사에 들어가 기축년 가을까지 4년간 반야강석을 베풀고 경인년(1410) 천마산 관음굴에

들어가 그 동안 깨달은 바를 마음껏 드날렸다.

신묘년(1411) 중추 불화사에 도착하여 3년 결제, 헌집을 고치고 선풍을 선양했으며, 갑오년(1414) 3월 자모산 연봉사에 이르러 함허당이란 당호를 달고 3년 동안 쉼없이 참구하였다.

정유년(1417)부터 2년 동안 오가해(五家解) 강석을 세 번이나 베풀고 그 후 진속에 관계없이 천하를 주유하였다.

1420년 경자년 가을에는 오대산에 이르러 5만 진신과 향수(香着)를 공양하고 영강암에 나아가 나옹스님의 진령에 예배하고 그 곳에 머물렀다. 그런데 한 밤중에 한 신승이 나타나 "그대의 이름을 기화(己和)라 하고 법호를 득통(得通)이라 하라 하였으므로 그의 호를 기화득통(己和得通)으로 불렀다.

다음날 월정사에 내려가 주장자를 내려 놓고 신발을 벗고 생을 마치도록 한가히 지냈다. 그러나 그의 도풍은 주머니 속의 송곳처럼 드러나 멀고 가까운 곳이 없이 감출 수가 없었다.

신축년(1421) 가을 초 대자어사찰에서 대비전하를 천도하기 위하여 불렀으므로 왕과 부마 모든 군(君)들이 분향하는 자리에서 설법하니 그 청아하고 풍성한 법음이 하늘 끝까지 들렸다.

그 후 4년 있다가 갑진년(1424) 가을에 임금님께 글을 올리고 길상산, 공덕산, 운악산 등을 유람하며 3학을 넓히고 1승을 선양 널리 7중으로 하여금 깨달음을 얻게 하였다.

　다음 신해년(1431) 가을 희양산 봉암사에 이르러 퇴락한 사찰을 중수하고 퇴타한 선풍을 고양하였다. 스님의 원숙하고 미묘한 지혜로 세상을 살피니 세상은 이미 말세라 공부의 기약이 전일과 같지 않았다.

　선덕8년 계축년(1433) 3월 25일 가벼운 병을 보이다가 4월 1일 신시에 탁연히 정좌한 뒤

　湛然空寂　本無一物　靈光赫赫　通徹十方
　更無身心　受彼生死　去來往復　世無罣碍

하고

　臨行擧目　十方碧落　有中無路　西方極樂

　한 뒤 앉은 대로 서거하였다. 5일을 기다려도 안색이 변치 않자 다비해 치골(齒骨)을 수습하니 전체 뼈대에서 수 없는 빛이 쏟아지고 향기가 만당(滿堂)하니 효령대군이 4부대중들과 함께 4방에 나누어 부도를 세웠다. 나이는 58세요, 법납은 38세였다.

선사께서 평상시 저술한 경과 주, 소, 시, 부, 편, 장은 곳곳으로 흩어져 모으기 어려웠으나 원각경소 3권과 5가해설의 2권, 현정론 1권, 반야참문 2질, 윤관 1권과 대령소참어 등을 원찰에 모아 두고 후세 사람들이 보게 하였다.

이렇게 선사의 언행이 깊고 깊어 말로 다 할 수 없는지라 효자효부들이 정성을 모아 여기 임금님의 뜻을 따라 간단히 기록하노니 후배들께서는 더욱 진중한 마음으로 스님의 정신을 계승하기 바란다. 명(銘)한다.

법유(法乳)의 깊은 은혜는 하늘처럼 광대한데
슬프다 선사의 높고 깊은 뜻이여,
붓끝의 농단은 어린아이들의 놀음
만세에 사람들의 입에서 이 비가 널리 전해지리라.

이글은 문인 야부(埜夫)가 썼다.

세종 24년(1442) 집현전 학사 신숙주 등에게 휴가를 주어 진관사에서 독서하게 하니 홍익성, 서달성, 이명헌 등은 장의사에서 독서하고 또 숙도, 방응, 반중, 백승 네 이씨들은 여주 신륵사에 나아가 제방의 시승들이 이들 학자들과 시를 주고 받아 경향각지의 유승들과 교유하여 마치 유불이 한 집안이 되는 것 같았다.

이로 인해서 신미스님께서 창제한 언문(諺文) 훈민정음이 세상에 나오니 집안에 갇혀 살던 여성들도 자신의 소회를 글로 쓰고 입으로 읊어 감았던 눈이 떠지고 멀었던 귀가 뚫어지게 되었다. 자세한 것은 다음 장 이능화선생의 글에 소개하겠다.

신숙주, 성삼문 등에 의해 발표된 언문은 초, 중성이 여덟자, 종성이 12자로 모두 28자가 되었다.

세종대왕 32년(1450) 왕이 내불당을 건립하고 안평대군과 수양대군에게 경과 율을 함허의 문인 여준스님에게 배우게 하였다. 물론 유생들의 반대가 극심하여 판원사 이순몽에게 논하게 하 극구 반대하니,

"선비들이 불교를 배척하는 대는 이해가 되지만 재상이 옳고 그름을 따지는 것은 옳지 못하다고 생각한다. 그대가 부처가 되지 아니했는데 어떻게 그 부처의 깨달음을 말할 수 있다는 말인가."

하여 조용히 왕자들만 가서 공부하도록 하였다.

5. 함허스님의 법문

가. 도의 정체

도는 유무(有無)가 아니면서 유무에 통하고
고금(古今)이 없으면서 고금에 통한다.
유무는 성정(性情)을 의지하고
고금은 생사 때문에 있는 것이다.

성(性)에는 본래 정(情)이 없으나
성품을 미(迷)하여 정이 생겨난다.
정이 생기면 지혜가 막히고
생각이 변하면 본체가 달라지는 것이니,
그 때문에 만상(萬像)이 나타나고,
그 때문에 생사가 시작되는 것이다.

대개 정에는 염정(染淨)이 있고 선악이 있다.
깨끗함과 착함은 성인이 일어나는 원인이고

더러움과 악함은 범부가 되는 원인이다.

그러므로 정이 생기지 않으면

범부도 성인도 모두 일어날 수 없다.

보살의 성품은 이미 깨달았으나

정이 아직 다 없어지지 않았기 때문에

각유정(覺有情)이라 한다.

보살도 그러하거든 하물며 다른 이승(二乘)이겠는가.

삼승(三乘)도 그러한데

더구나 그 나머지인 인천(人天)이겠는가.

부처는 깨달음이 원만하여

지혜가 두루하지 않는 곳이 없고

깨끗함이 지극하여 정의 번뇌가 이미 다 하였다.

때문에 부처에게 정이라는 말을 붙일 수 없다.

그래서 오직 부처님 한 분 이외에는

모두 유정(有情)이라 부르는 것이다.

대개 삼승(三乘)과 오승(五乘)은

다 정(情)을 다스리는 것이다.

인천승(人天乘)은 그 더러운 번뇌를 다스리고

삼승은 그 깨끗한 번뇌를 다스리는 것이다.

더럽거나 깨끗한 번뇌가 다 없어진 뒤에야

비로소 대각(大覺)의 경지에

직접 나아갈 수 있는 것이다.

오계(五戒)는 인도(人道)에 태어나는 요건이고

십선(十善)은 천도(天道)에 나는 원인이 되며

사제 십이인연(四諦 十二因緣)은

이승(二乘)이 되는 요건이고

육도(六度)는 보살이 되는 관건이다.

삼장(三藏)이 가리키는 곳을 가만히 관찰하여 보면

요컨대 사람들이 경계를 버리고

성품을 나타나게 하였을 뿐이다.

정이 성품에서 생기는 것은

구름이 허공에서 생기는 것과 같고

정을 버리면 성품이 나타나는 것은

구름이 흩어지면 크게 청명함이 나타나는 것과 같다.

정은 엷은 사람도 있고

두터운 사람도 있다.

마치 구름이 많기도 하고 짙기도 한 것과 같다.

구름에는 짙고 맑음의 차별은 있으나

하늘의 광명을 가리는 것은 한 가지며

정에는 얇고 두터움의 다름이 있으나

성품의 밝음을 장애하는 것은 일반이다.

구름이 일어나면

해와 달의 빛이 거두어 천하가 어둡고

구름이 사라지면

광명이 대천세계(大千世界)를 덮어 우주가 확 트인다.

불교를 여기에 비유하면

마치 밝은 바람이 뜬 구름을 쓰는 것과 같다.

훤히 보려고 하면서

맑은 바람을 싫어하는 사람은 미혹함이며

자타(自他)가 맑고 태연하려 하면서

도(道)를 싫어하는 것은 범부이다.

만일 사람들이 이를 의지해 닦도록 가르치면

마음을 바르게 할 수 있다.

몸이 깨끗하여지면 집을 다스리고

나라도 다스리며 천하를 편안하게 할 수 있다.

근기가 영리한 사람은

보살(菩薩), 성문(聲聞), 연각(緣覺)이 되며,

근기가 모자라는 사람이라 해도 하늘에도 날 수 있고

선인(善人)도 될 수 있다.

진실로 이와 같아

세상이 다스려지지 않는다는 것은 있을 수 없다.

왜냐하면

죄의 과보(果報)를 싫어하는 사람은

온갖 악을 끊을 것이며

비록 온갖 악을 다 끊지는 못한다 해도

한 가지 악은 버릴 수 있을 것이다.

한 가지 악을 버리면 한 가지 형벌이 없어질 것이며

한 가지 형벌이 집집마다 없어지면

만 가지 형벌이 나라에서 없어 질 것이다.

또 복의 인연을 기뻐하는 사람은

갖가지 선(善)을 닦을 것이며

갖가지 선을 다 닦지는 못한다 하더라도

한 가지 선은 행할 것이다.

한 가지 선을 행하면 한 가지 경사를 얻을 것이며,

한 가지 경사가 집집마다 일어나면

만 가지 경사가 나라에서 일어날 것이다.

대개 오계(五戒)와 십선(十善) 같은 것은

불교에서 가장 초보적인 것이다.

그것은 본래 최하의 근기를 위해 시설하였으니

구차하게 나마 실천할 수 있다면

넉넉히 몸을 진실하게 하고

사람들을 이롭게 할 수 있다.

하물며 사제·십이인연(四諦·十二因緣)과

육도(六度)이겠는가.

나. 유교와 불교

유교(儒敎)에서 오상(五常)을 도의 핵심으로 삼는데, 불교
에서 말한 오계(五戒)는 곧 유교에서 말한 오상이다.

즉 살생(殺生)하지 않는 것은 인(仁)이고

도둑질 하지 않는 것은 의(義)이며

음탕하지 않는 것은 예(禮)이고

술 마시지 않는 것은 지(智)이며

거짓말 하지 않는 것은 신(信)에 해당한다.

다만 유교에서는 사람을 가르치는데

덕행(德行)으로 아니 되면 정치와 형벌로써 할 뿐이다.

그러므로

"정치로써 인도하고 형벌로써 경계하면

백성들이 형벌을 면하고 수치가 없게 되나

덕으로써 지도하고 예로써 정제하면

부끄러워 할 줄을 알고

또 잘못을 바로잡기도 한다"

하였다.

그러나 덕으로써 지도하고 예로써 다스리는 것은

성인(聖人)이 아니면 할 수 없는 것이다.

그러므로

"묵묵히 있으면서도 성취하고 말하지 않아도 믿는다"

한 것은 덕행(德行)에 간직되나
"정치로 지도하고 형벌로 다스린다"는 것은
상벌(賞罰)을 면하지 못한다.
그래서 "상벌은 나라의 큰 권세다" 한 것이다.
"대개 잠자코 있으나 일은 이루어지고
말하지 않아도 믿는다" 한 것은
진실로 우리 부처님의 교화이다.
그리고는 인과(因果)를 함께 보이셨다.

상벌만 보이면 혹 면전(面前)에서만 순종하겠지만
인과로써 보이면 마음으로 복종한다.
지금 세상에서도 그러한 것을 눈으로 볼 수 있다.

왜냐하면
만일 상을 주어 권하고 법을 주어 금하면
악을 행하지 않는 이는
그 위엄을 두려워하고 그 악을 행하지 않고
선을 행하는 이는 그 상을 탐내어 선을 행한다.

그러므로 그 교화를 따르는 것은 면전에서만 따를 뿐
마음으로 복종하는 것은 아니다.

가령 사람이 현재 궁달(窮達)한 이유를 알고자 한다면

과거에 심은 종자로써 가르치고,

미래의 화복(禍福)을 알고자 하는 사람에겐

현재에 짓는 원인으로 가르친다 한 것이다.

그렇게 하면 영달(英達)한 사람은

전생에 심은 선을 기뻐하여 더욱 부지런 할 것이며

빈궁한 사람은

전생에 닦지 않는 복을

후회하여 스스로 힘쓸 것이다.

또 후세에 복을 받으려는 사람이

착한 일 하기를 힘쓸 것이며

후세의 화를 피하려는 사람은

반드시 악을 행하는 것을 삼갈 것이다.

이는 즉 복종하지 않으면 그만이나

복종하면 마음으로 복종하여

면전에서만 순종하는 사람은 아닐 것이다.

그러나 어떻게

사람들을 다 마음으로 복종하게 할 수 있겠는가.

마음으로 복종하지 않는 이에게는

우선 상벌로써 지도하여

빨리 마음으로 기뻐하며

진실로 복종하게 해야 할 것이다.

그러므로 인과로써 가르치는 외에

또 상벌의 교훈이 있는 것이다.

이른바 "받아 들여야 할 사람은 받아들이고

굴복시켜야 할 사람은 굴복시킨다" 한 것이 이것이다.

이것은 유교와 가까운 것이다.

그러므로 유교와 불교를 다 폐(廢) 할 수 없다.

그 때문에 부처님이 천화(遷化)하려 하실 때

그 법을 임금과 신하에게 부촉하셨다.

대체로 그 도로써 천하를 지도하며,

세상을 다스리는 큰 도움이 되어

함께 진실로 닦는 길에

도약하게 하고자 했기 때문이었다.

우리 불교는 속인이나 승려를 막론하고

다만 사람들이 도의 작용을 어기지 않게 할 뿐이다.

반드시 머리를 깎고
복색을 달리 한 뒤에 닦는 것은 아니다.

그러므로
"방편을 따라 결박을 푸는 것을 임시로 삼매라 한다"
하였고, 또
"일정함이 없는 법을 '아뇩보리'라 한다" 하였다.
부처의 마음이 이러한데 어찌 작은 길이라 하겠는가.

그러나 만일 참는 힘이 없는 사람이라면
티끌세상에 있으면서 물들지 않고
가정에서 도를 이루기는 어렵다.
때문에 사람들이
집을 떠나 번뇌를 멀리 떠나는 행을 닦도록 가르쳤다.

다. 문답

(1) 효행에 대하여

[문] 유자의 질문 :
"남자는 아내가 있고 여자는 남편이 있다. 가업을 이어 그 제
사를 끊지 않아야 효도라 말할 수 있다. 지금 부처는 혼인을 하

지 않고 인륜을 버리고 깊이 산속으로 가 영원히 후사를 끊는
다. 어찌 효도라 말하겠는가?

또 저녁에는 잠자리를 보아 드리고 아침에는 문안하며, 부
모의 얼굴빛을 보아 기분이 상하지 않게 하고, 나갈 때는 아뢰
고 돌아와서는 뵈어야 한다. 그런데 지금 불제자는 부모께 아
뢰지도 않고 마음대로 집을 나가며, 한 번 나간 뒤로는 몸이
마치도록 돌아오지 않는다. 부모가 살아 계실 때에는 맛있는
음식을 드리지 않고 돌아가신 뒤에는 정성껏 장사하지 않는
다. 어찌 불효자가 아닌가?"

[답] 불자의 답 :

"원칙과 방편은 도의 대요(大要)이다. 원칙이 아니면 상도
(常道)를 지킬 수 없고, 방편이 아니면 변함에 대응할 수 없다.
원칙으로써 상도를 지키고 방편으로써 변화에 대응하여야 도
의 대전(大全)을 얻어 가는 곳마다 옳지 않을 이 없을 것이다.
상도를 지킬 줄 모르면 사람의 마음을 바르게 할 수 없고, 변
화에 대응할 줄 모르면 큰 일을 이룰 수 없다.

대개 사람이란 부모에 의탁하여 생(生)을 받고, 임금과 나라
에 의탁하여 생존한다. 집에 들어 와서는 부모에게 효도하고

밖에 나가서는 임금과 나라에 충성하는 것은 진실로 신자(臣子)로서 당연히 해야 할 일이다. 혼인과 제사도 또한 인륜의 큰 도리다. 혼인이 아니면 거듭거듭 태어나는 이치가 끊어지고, 제사가 아니면 조상을 추모하는 법이 폐지될 것이다.

그러나 신자가 되었다 하여 충성과 효도를 다하기는 어려우며, 혼인을 하였으나 종신토록 바른 도를 지키고 제사를 받들되 마음을 다해 극진히 재계(齋戒)하기는 더욱 어려운 일이다. 그러므로 충성과 효도를 다해 그 직책을 조심스럽게 지키며 바른 도를 지키고 재계를 극진히 하여 몸이 다 하도록 그치지 않아야 살아서는 좋은 이름을 잃지 않고 죽어서는 인간에 날 수 있다.

이것은 큰 원칙으로서 상을 지킨 보람이다. 그러나 살아서 좋은 이름을 얻었을 뿐 애욕을 끊은 사람은 거의 드물며, 인간으로 죽었다 났다 할 뿐 윤회(輪迴)를 면하기는 어렵다.

사랑은 윤회의 근본이 되고 욕(欲)은 생(生)을 받는 연(緣)이 된다.

대개 사람이라면 처자(妻子)의 번뇌도 면하지 못하는데 애욕을 끊을 수 있겠는가. 진실로 애욕을 끊지 못했다면 윤회를 면할 수 있겠는가.

윤회를 면하고자 한다면 먼저 애욕을 끊어야 하고, 애욕을 끊고자 한다면 먼저 처자를 버려야 하며, 처자를 버리고자 한다면 모름지기 티끌세상을 벗어나야 한다.

티끌세상을 벗어나지도 않고 처자를 버리지도 않고서 애욕을 끊어 윤회를 면하고자 하는 것은 대성인이 자비의 큰 방편을 베풀어 자취를 보이신 것 외에 용렬한 범부로서야 할 수 있겠는가.

대체로 이 같은 사람은 억억(億億)의 세상에서도 만나기 어렵고 만만(萬萬)의 사람 중에서도 얻기 어렵다. 대개 애욕의 인연은 마치 자석이 쇠를 만나면 서로 붙는 것과 같아서, 참는 힘이 없이는 티끌세상에 살면서 면하기 어려운 것이다.

저 본사 세존은 도솔천에 있을 때에는 호명(護明)보살이라 하셨고, 황궁에 내려와서는 이름을 실달(悉達)이라 하셨다. 참는 힘이 없었다면 어찌 그리 될 수 있겠는가. 그야말로 '현묘한 빛이 점점 멀리 비추자 상계(上界)도 부끄러워하였으니 이는 연(緣)을 녹였다'할 것이다.

비록 애욕의 연(緣)을 건너기는 하였으나 애연(愛緣)에 물든 것은 아니었다. 장차 후세에 모범을 보이고자 금륜왕(金輪王)의 적자로서 부모께 아뢰지도 않고 설산에 들어가셨다. 목숨을 가볍게 여기면서 절개를 굽히지 않았으며, 인욕을 편히 여기며 요동하지 않고 정(情)의 번뇌가 씻은 듯이 다하여 진실한 밝음이 밖에 드러나기를 기다리셨다. 그런 뒤에야 고향에 돌아와 아버지를 뵈옵고, 하늘에 올라가 어머니를 위해 법을 설하셨다. 요컨대 모두 도탈(度脫)하게 하고자 하심이다. 이것이 성인이 방편으로서 변화에 대응하고, 상(常)에 되돌아가 도에 합한 까닭이다.

또 부처님은 삼명(三明)과 육통(六通)을 모두 갖추었다. 그 덕은 천하와 후세에 전파되어 천하 후세가 그의 부모를 큰 성인의 부모라 칭하게 하셨고, 그의 성(姓)으로써 모든 사람이 성을 삼게 하여 출가한 사람들이 다 석자(釋子)라 일컫게 하였다. 어찌 큰 효도라 말하지 않겠는가.

공자도 말하지 않았던가.
'덕을 갖추고 도를 행하여 그 이름을 후세에 떨쳐 부모를 빛내는 것이 효도의 마지막이다'라고.

그 도로써 천하 후세를 인도하여 천하 후세가 그 가르침을 듣고 그 교화에 감동하였으며, 그 근기의 대소를 따라 그 법을 받아 구제 되었으니 어찌 큰 사랑이라 하지 않겠는가.

공자도 말하지 않았던가.

"하루 동안이라도 자기의 사욕을 이기고 예의 본질에 되돌아가면 천하가 다 인(仁)으로 돌아 간다' 라고.

(2) 국가에 대하여

[문] "사람이 이 세상에 났으면 임금님께 충성을 다하고 정성을 기울여 나라를 도와야 한다. 지금 불제자는 천자에게 조회하지도 않고 왕후(王侯)를 섬기지도 않는다. 고상하게 깃들고 멀리 떠나 성패(成敗)를 앉아서 바라보기만 한다. 어찌 충성이라 할 수 있겠는가?"

[답] "불교에서는 임금이 될 자에게 먼저 계품(戒品)을 받아 몸과 뜻을 깨끗이 한 뒤에 비로소 보위(寶位: 王位)에 오르게 한다. 또 출가한 이들이 모두 아침에는 향을 사루고 저녁에는 등불을 켜 임금과 나라를 위해 축원하게 한다. 어찌 충성이라 말하지 않겠는가.

또 임금은 작록(爵祿)으로써 선(善)을 권하고 형벌로써 악을 금지하는 국법으로 백성을 통치하나, 우리 부처님은 '선행을 하면 경사를 부르고, 악행을 하면 재앙이 온다'하여 듣는 사람들이 저절로 악한 마음을 거두고 선한 뜻을 내게 하니 부처님의 가르침은 임금의 작상(爵賞)의 권함과 형벌의 위엄을 빌리지 않고도 사람들을 모두 교화에 나아가게 한다. 어찌 군국(君國)에 도움이 없다 하겠는가."

(3) 노인 공대와 살생에 대하여

[문] "사람은 물질을 먹고 물질은 사람에게 공급되는 것이 자연의 이치이다. 칠십의 노인은 고기가 아니면 배가 부르지 않는다. 그러므로 노인을 봉양하는 사람은 고기를 드리지 않을 수가 없다. 또 춘수(春蒐)·하묘(夏苗)·추선(秋獮)·동수(冬狩)를 4시로 제사를 지내는 것은 선왕(先王)이 백성들의 해로움을 제거하고 철을 따라 법도를 세우신 것이므로 변역할 수 없는 것이다. 또 희생(犧牲)은 옛날부터 지금까지 제사를 받드는 예물(禮物)이다. 더욱 폐지해서는 안된다. 지금 불제자는 부모가 늙어 음식이 맛이 없는데도 고기로써 받들지 않고 또 사람들이 선왕의 제도와 희생의 예절을 해 하게 한다. 어찌 허물이 아니겠는가."

[답] "하늘이 준 물질을 사납게 죽이는 것은 성인이 허락하

지 않았다. 더구나 천도(天道)는 지극히 어진데 어찌 사람이 산 목숨을 함부로 죽여 제 몸을 기르게 하였겠는가.

서경(書經)에는 '천지는 만물의 부모요 사람은 만물의 영장 (靈長)이다. 진실로 총명한 사람이 임금이 되고 임금이 백성 들의 부모가 된다' 하였다. 천지가 이미 만물의 부모가 되었다 면 천지 안에서 태어난 것은 모두 천지에서 번식한다. 천지가 만물에 있어서 마치 부모가 자식에게 하는 것과 같다. 자식이 어리석음과 총명함의 차별이 있는 것은 사람과 만물이 밝고 어두움이 있는 것과 같다. 부모는 자식이 비록 어리석고 못났 다 하여도 사랑하고 가엾이 여기며, 잘 기르지 못할까를 염려 하는데 하물며 아들을 해치겠는가.

생물을 죽여 제 몸을 기르는 것은 같은 자식을 죽여 제 몸을 기르는 것이다. 자식을 죽여 제 몸을 기른다면 그 부모의 마음 이 어떻겠는가. 자식이 서로 죽이는 것이 부모의 마음이 아니 라면 사람과 만물이 서로 죽이는 것이 어찌 천지의 뜻이겠는가.

사람과 만물이 이미 천지 기운을 같이 받았고 또 천지의 이 치를 같이 얻어 천지 사이에 동일하게 태어났다. 이미 한 기운 (一氣)과 한 이치(一理)를 부여 받았는데 어찌 생물을 죽여 제 생명을 기르는 이치가 있겠는가.

가령 '천지는 나와 함께 근본이 동일하고 만물은 나와 한 몸이다' 한 이것은 불교의 말씀이고, '어진 사람은 천지 만물을 자기의 한 몸으로 여긴다' 한 것은 유교의 말씀이다. 행동과 말이 일치하여야 비로소 인(仁)이 도를 다하게 된다.

　　의서(醫書)에 '손발의 마비는 불인(不仁)이라 한다' 하였다. 손발이 비록 미미한 존재이나 미미한 병이라도 생기면 기운이 통하지 않는다.

　　인(仁)이란 천지만물을 융합하여 한 몸으로 여겨 틈이 없는 것을 말한다. 이 이치를 깊이 체득한 사람이라면 비록 미물(微物)이라 해도 한 번도 해치지 않아야만 인인(人仁)의 도를 체득했다 말할 수 있을 것이다. 저 아주비구(鵝珠比丘)와 초계비구(草繫比丘)와 같은 경우가 그런 사람이다. 그렇지 않으면 사람과 만물 사이에는 기운이 어긋나 화기롭지 못하고 이치가 막히어 통하지 않는 것이 저 손발이 마비된 것과 같으리니, 의서에서 말한 것은 참으로 그 인(仁)을 잘 형용한 것이라 할 수 있겠다.

　　'한번 쏘아 다섯 마리 돼지 잡았네(一發五豝)'라 하였고, 논어(論語)에는

　　'고기를 낚기는 하여도 그물을 치지는 않으며,

주살로 자는 새를 쏘지 않는다'

하였으며, 맹자(孟子)에는

'군자가 주방을 멀리하는 것은 그 죽는 소리를 듣고 차마 그 고기를 먹을 수 없기 때문이다' 하였다.

또 '촘촘한 그물을 못에 넣지 않으면 물고기를 이루 다 먹을 수 없다' 하였다.

그러나 이런 말들은 다 인(仁)을 행하려 하면서도 그 도를 다 하지 못한 것이다. 왜 '자기의 한 몸으로 여긴다'는 말에 계합하지 못하였을까.

중용(中庸)에 말하기를 '말은 행동을 돌아보고 행동은 말을 돌아보아야 하는 것이다. 군자로서 어찌 독실하지 않아서 되겠는가' 하였는데, 지금 왜 이렇게 되었는가. 이것은 유학자들이 인(仁)의 도를 잘 말하기는 하면서도 완전히 행하지 못한 까닭이다.

꼭 적게 죽이려 한다면 왜 반드시 활을 쏘아야 하며, 자는 것을 가엾이 여긴다면 왜 자지 않는 새는 쏘며, 이미 주방을 멀리한다면 왜 반드시 고기를 먹어야 하고, 작은 것이 죽지 않는 것도 슬퍼한다면 왜 구태여 큰 것을 해쳐야 하겠는가. 부처님은 대계(大經)에서 살생하지 않는 것을 제일 앞에 두셨다. 또 자비로운 마음과 인연법에 따라 고기를 먹지 않았다.

경(經)에서 부처님이 말씀하시기를, '고기를 먹은 사람은 자비를 충분히 말하지 않으므로 언제나 수명이 짧고 병이 많은 몸을 받아 생사에 빠져 성불(成佛)하지 못한다' 하였고, 또 그 가르침에는 '물을 거르는 부대를 가지게 한 것은 미세한 생명을 죽일까 두려워해서이다' 하였다.

옛날 어떤 두 비구가 부처님을 뵈오려 광야를 지나가다가 목이 말랐는데, 벌레가 있는 물을 보고 한 사람은 '부처님만 뵈 올 수 있다면 이 물을 마신들 무슨 죄가 되겠는가' 하면서 그 물을 마셨고, 한 사람은 '부처님은 생물을 죽이지 말라 하셨는데 만일 부처님의 계율을 깨뜨리면 부처님을 뵈온들 무슨 이익이 있겠는가' 하면서 목 마름을 참고 그 물을 마시지 않았다.

그런데 그가 죽어 천상에 나서 먼저 부처님을 뵙고 부처님의 칭찬을 받았다 하였다. 이것은 참말을 진실하게 실천하는 '한 몸'이라는 말과 '독실해야 한다'는 교훈에 가만히 맞는 것이다.

내가 출가하기 전에 해월(海月)이라는 스님이 내게서 논어(論語)를 배우다가 '널리 사랑과 은혜를 베풀어 뭇 사람을 구제한다는 것은 요순(堯舜)도 부족하게 여긴다'는 대문의 주석에 '인자(仁者)는 천지 만물을 한 몸으로 생각한다'는 말에 이르러 책을 놓고 내게 물었다.

"맹자(孟子)는 인자(仁者)입니까?"

"그렇다."

"닭이나 돼지나 개도 만물입니까?"

"그렇다"

"인자는 천지만물을 한 몸이라 생각한다 하니 이것은 참으로 이치에 맞는 말입니다. 맹자가 진실로 인자며 닭이나 돼지나 개를 만물이라 한다면 어찌하여 닭이나 돼지나 개를 기르는데 있어서 그 때를 놓치지 않으면 70되는 노인도 그 고기를 먹을 수 있다 하였습니까?"

그때에 나는 대답할 말이 없어 여러 가지 경전을 상고해 보았으나 생물을 죽이는 것이 이치에 맞는다는 주장이 없었고, 선배들에게 두루 물어 보았으나 이 의문을 깨끗이 풀어주는 이가 없었다. 그리하여 늘 이 의문을 품고 있었다.

그러다가 이듬해 병자년에 삼각산에 올라가 승가사(僧伽寺)에 이르러 어떤 노승과 밤에 이야기하던 차에 그 노승이

"불교에는 열 가지 큰 계율이 있으니 그 첫째가 살생하지 않는 것이다."

하였다. 그때 나는 의문이 풀리고 마음으로 복종하여 '이것은

참으로 인인(仁人)의 행으로서 인도(人道)를 깊이 체득(體得)한 말이다' 하고, 그 때부터는 유교와 불교의 차이를 의심하지 않았다. 그리하여 다음 시를 지었다.

일찍이 경사(經史)에서
정주(程朱 : 程子와 朱子)의 헐뜯음만 듣고
부처님의 옳고 그름은 알지 못하였더니
여러 해를 되풀이해 가만히 생각하다가
비로소 진실로 알고 돌아가 의지했네.

대개 둥우리에 사는 짐승은 바람이 불 줄을 알고, 굴에 사는 짐승은 비가 올 줄을 알며, 거미는 그물을 치는 재주가 있고 말똥구리(蜣蜋)는 말똥을 굴리는 능력이 있다.

이와 같이 만물은 다 같이 신령스러운 밝음을 받아 삶을 좋아하고 죽음을 싫어하는 심정에 있어서는 사람과 아무 다름이 없다. 백정이 든 칼에 벌벌 떨면서 죽음으로 나아갈 때 눈을 흘겨 바라보며 쩩쩩거리고 우는 소리는 어찌 원한을 머금고 원수를 맺는 정상이 아니겠는가. 다만 사람들이 스스로 모를 뿐이다.

그러므로 사람과 만물이 서로 얼마나 모르는 결에 서로를 보사하기를 쉬지 않는다. 어찌 인인(仁仁)으로서 이런 것을 보고도 차마 살생하겠는가.

내가 좋아하는 입맛으로 저들의 참는 고통에 비교하면 고통과 즐거움은 분명하고 가볍고 무거움은 헤아릴 수 있으리라. 보응(報應)의 학설이 허망한 것이라면 그 업을 짓는 대로 맡겨 둘 수 있겠거니와 만일 그것이 허망하지 않다면 미래의 고통을 감당하기 어려울 것이다. 어찌 삼가지 않아서 되겠는가.

대개 봄 · 여름의 사냥과 가을 · 겨울의 사냥은 아무리 선왕(先王)의 제도라 하더라도 지금 큰 산중이나 바다의 섬 등 사냥이 미쳐 닿지 않는 곳에서는 사람이나 만물이 각기 그 생(生)을 이루고 그 자리에 편안하여 타고난 수명을 잘 마치고 있다. 이로써 본다면 사람들이 어찌 꼭 사냥에 의해서만 그 생(生)을 이룬다 하겠는가.

옛 사람의 가르침에 '짐승을 포위하거나 무리를 한꺼번에 덮치지 말라' 하였나니 이것은 죽임이 옳지 않은 줄은 알면서도 사정이 부득이한 데서 나온 것이다. 대개 부득이 하다는 그 일이 혹 적중하기는 하나 반드시 이치에 맞는 것은 아니다. 이미 이치에 맞지 않는다면 어찌 큰 원칙(大經)이라 하겠는가.

주역(周易)에 '옛날의 총명하고 슬기로우며, 신무(神武)하

여 살생하지 않는 사람일 것이다' 하였다. 대개 사철의 사냥이
란 성인들이 그것에 의하여 신무(神武)를 보아 그 밖의 노략
질을 예방한 것일 뿐이다. 어찌 살생을 목적으로 삼았겠는가.
이는 곧 천하를 위하는 사람의 큰 방편일 뿐이다.

이로써 본다면 사냥이란 바로 '물에 빠진 제수(弟嫂)를 손으
로 붙잡아 건진다'는 것과 같은 뜻이니, 물에 빠진 제수를 손으
로 붙잡아 건지는 것은 일시적인 방편일 뿐이다. 어떻게 인간
의 떳떳한 법이라 하겠는가.

또 희생(犧牲)에 이르러서도 그 사람이 평소에 고기를 맛있
게 먹었다면 그가 죽어서도 생시에 즐겼던 것을 제사하는 것
이 마땅하리라. 그러나 그것은 물방울을 튕겨 얼음에 보태는
것과 같다. 반드시 죄를 더할 것이다.

옛날 어떤 사람이 염소를 잡아 그 조상에 제사를 지냈는데,
그 조상이 꿈에 나타나 그것을 말렸으니 이것은 그 징험이다.
이런 자취를 본다면 희생이 비록 성례(成禮)라 하더라도 폐하
는 것이 옳을 것이다.

(4) 술에 대하여

[문] "술은 서로 만나 기뻐하는 약이다. 혈맥을 조화시켜 풍
과 냉을 물리치고, 또 제사 때에는 신(神)을 내리게 하는 것으

로써 없을 수 없는 것이다. 지금 부처는 계율을 정해 그것을 금하여 사지도 않고 마시지도 않는다. 어찌 허물이 아닌가."

[답] "술은 정신을 어지럽히고 덕을 무너뜨리는 근본으로서 더욱 도를 해친다. 그러므로 계율에서 '36가지 허물'을 지적하였고 또 유교의 경전에서도 그 허물을 밝히기를 '안으로는 그 심지(心志)를 어둡게 하고 밖으로는 그 위의를 잃게 한다' 하였다. 이 말은 그 큰 허물을 잘 밝힌 것이다.

안으로는 그 마음을 어둡게 하기 때문에 자기의 수도에 방해가 되고 밖으로는 그 위의를 잃기 때문에 남을 교화하는데 방해가 된다. 자타에 무익할 뿐 아니라 영원히 앙화를 받을 것이다.

그러므로 의적(儀狄 : 최초로 술을 만든 사람)은 우(禹)임금에게 술을 올렸다가 우임금의 버림을 받았고, 나한(羅漢)은 술을 마셨다가 부처님의 꾸중을 들었다. 우임금이 의적을 버린 것이나 부처님이 나한을 꾸짖으신 까닭은 술의 해로움은 그 사람이 음황(淫荒)하고 미란(迷亂)하여 몸을 망치고 도를 무너뜨리며, 나라를 망치고 지위를 잃게 하기 때문이 아니겠는가.

예기(禮記)에 '천지의 귀신을 섬길 일이 있을 때에는 반드시 먼저 며칠 동안 재계한 뒤에 제사를 지내라'하였다. 재계란 악취나는 채소나 술을 마시지 않고 성정을 오로지 하여 깨끗함에 이르는 것이다. 정성이 알뜰하지 않고 깨끗함이 지극하지 않으면 귀신이 그 음식을 받지 않기 때문이다.

불교의 재계는 정성은 길이 정성스럽게 하여 잡됨이 없고 깨끗이 함을 종신토록 더럽히지 않는 것이다. 만일 며칠 동안이라는 데에 비교한다면 하늘과 땅의 거리를 어찌 멀다 하겠는가. 재계가 옳다는 것을 알았다면 어찌 반드시 며칠 동안만하고 그치겠는가. 또 며칠이 지난 뒤 제사가 없는 때는 방심(放心)하면 되겠는가. 이것이 유교와 불교의 다른 점이다."

(5) 재물에 대하여

[문] "진기한 재물은 사람이 의뢰하여 살아가는 것이다. 절도있게 쓰고 저축하여 허비하지 않고 자손들에게 물려주어 종족(宗族)과 제사를 끊어지지 않게 하며, 그들이 곤궁하게 줄어지지 않게 해야 한다. 지금 불교는 사민(四民: 士 · 農 · 工 · 商)의 밖으로 도망가 나라의 일을 힘쓰지 않는 것만으로도 만족하게 여겨야 하는데도 다시 사람들에게 보시와 보응(報應)을 과장하여 사람들 모두 재물을 다하도록 가져다 부처만 받들게 하여 마침내 곤궁하게 주리고 떨게 한다. 어찌 허물이 아

니겠는가."

[답] "진기한 재물을 길이 탐하는 것은 화를 취하는 도구이고, 보시는 마음을 깨끗이 하여 복을 이르게 하는 방법이 된다.

유교의 경전에 '재물을 모으면 백성이 흩어지고 재물이 흩어지면 백성이 모인다' 하지 않았던가.

불교에서 사람들에게 보시를 행하라고 권하는 것은 자기의 이익을 위해 그렇게 하는 것이 아니다. 요컨대 사람들이 간탐(慳貪)을 버려 그 마음의 밭을 깨끗하게 하기 위함일 뿐이다.

부처님은 비구들에게 훈계하시기를, '항상 세 가지를 부족하게 하라' 하셨다. 세 가지란 의복·음식·수면이다. 이미 제자들에게 이것으로 훈계하셨는데 어떻게 다른 사람들의 의복과 음식 때문에 보시하라 권하겠는가. 만일 의식으로 목적을 삼았다면 어찌 불교가 오늘에까지 유지되었겠는가. 더구나 보응의 학설에 있어서는 어찌 유독 우리 불교 뿐이겠는가.

주역에 '선을 쌓으면 남은 경사가 있고, 악을 쌓으면 남은 재앙이 있다' 하였고,

또 홍범(洪範)에는 '사람이 황극(皇極)에 합하면 하늘이 오복(五福)으로 응해주고, 그것을 어기면 육극(六極)으로 응해준다' 하였다.

이것은 보응이 아니겠는가. 몸이 살았을 때는 그 응함이 이미 그러하며, 죽은 뒤에는 몸이 뒤바뀌나 정신만은 그대로 존재한다. 선악의 감응이 어찌 그렇지 않으랴. 불교에서 '비록 백천 겁을 지나더라도 지은 업은 멸하지 않고 인연이 모일 때 그 과보를 다시 받는다' 하였다. 어찌 사람들을 속이겠는가."

(6) 영혼과 꿈이야기

[문] "사람이 이 세상에 날 때는 음(陰)으로써 그 삶을 받고 양(陽)으로써 그 기운을 받는다. 한 음과 한 양의 혼백(魂魄)이 배합하여 몸을 이루었다가 죽음에 이르러서는 혼은 하늘로 올라가고 백은 땅으로 내려가 다 없어지는 것이다.

대개 사람이 지각할 수 있는 까닭은 그 마음 때문이다. 마음이란 혼백이 합한 것으로 한 몸을 주재한다. 그가 죽고 나면 그것은 기운과 함께 흩어져 다시는 형체가 없으며 신(神)은 오히려 아득한 가운데 머무는데 누가 다시 복이나 재앙을 받겠는가.

지금 부처는 천당으로써 기쁘게 하고 지옥으로써 두렵게 하여 사람들이 미혹에 이르게 한다. 하늘은 창창하여 있는 것이라곤 해와 달과 별들 뿐이며 땅은 흙과 돌로써 실린 것은 사람과 만물 뿐이다. 그런데 말하기를, '없어지지 않는 것이 있어

서 천당과 지옥을 감득(感得)한다' 하였다. 어찌 허망하지 않
겠는가."

[답] "음양은 진실로 사람이 의지하여 태어나는 것이다. 음
양이 합하면 생을 받고, 음양이 흩어지면 죽음으로 나아가나,
가령 고유한 진명(眞明)은 몸을 따라 나지 않으며, 몸을 따라
뒤바뀌지도 않는다. 비록 천변만화(千變萬化)를 하나 담연(湛
然)히 홀로 존재한다.

대체로 마음에는 두 가지가 있다. 하나는 견실심(堅實心)이
오, 하나은 육단심(肉團心)이다. 육단심이란 혼백의 정기이며
견실심이란 진명(眞明)을 말한다. 지금 내가 말하는 마음이란
진명이며 육단심이 아니다.

내가 마음이란 몸의 주인이고 몸이란 마음의 심부름꾼이다.
선악 등의 일을 심군(心君)이 명령하면 몸인 신하가 일을 한
다. 보응에 이르러서는 살아서는 임금과 신하가 같이 받으나
죽으면 형체인 신하는 이미 뒤바뀌고 마음의 임금이 그것을
혼자 받는다.

시전에 '문왕(文王)이 오르고 내림이 상제(上帝)의 좌우에
있다' 하였다. 그 오르고 내리게 하는 것은 어찌 하늘에 있는
영혼이 아니겠는가.

옛날 왕희지(王羲之)라는 수재가 있었다. 그는 어릴때 부터 불법을 믿지 않았는데, 하루는 죽었다 다시 살아나 말하기를, '전에는 몸과 정신이 함께 멸한다 생각하였더니 지금에야 비로소 부처님이 말씀하신 몸은 뒤바뀌나 마음은 존재한다는 것이 진실로 거짓이 아님을 믿겠다' 하였다.

또 옛날 송(宋)나라 사림 이원(李源)은 원택(圓澤)스님과 친하였는데 서로 약속하기를 '우리는 대대로 서로 버리지 말자' 하였다.

하루는 같이 놀다가 원택이 물을 긷는 어떤 부인을 보고 말하기를, '이 부인의 성은 왕(王)씨인데 나는 그의 아들이 될 것이니, 12년 후에 항주 천축사 밖에서 만나자' 하더니 그날 저녁에 원택이 죽었다.

12년이 지난 뒤에 이원이 약속대로 그곳에 갔더니 갈홍천(葛洪川)가에서 어떤 목동이 쇠뿔을 두드리며 노래불렀다.

'삼생(三生) 동안 돌 위에 있던 옛 영혼이

담을 구경하지 않고 시를 읊었음은 말할 것 없네.

부끄러워라, 정든 사람이 멀리서 찾아 왔나니

이 몸은 비록 다르나 성품은 언제나 있네.'

하고 이공(李公)을 보고는 '참으로 믿을 만한 선비이십니다'
하였다. 그리고 또 노래 불렀다.

  '죽기 전과 죽은 뒤에 일이 아득하여
  인연이 말하려니 창자가 끊어질 듯 합니다.
  오월(五月)의 산천(山川) 두루 보고
  아지랑이 속에 배를 돌려 구당(瞿塘)으로 올라가리.'

  이 밖에도 양호(羊祜)는 이(李)씨의 아들이 되었고, 왕자는
채(蔡)씨의 손자가 된 일이 있다. 나는 전에 이 전기(傳記)를
보다가 양호와 이씨를 위해 다음 게송을 지은 일이 있다.

  양호와 이씨는 오직 한 사람이라
  가고 오는 것이 다른 길 아니다.
  누가 알건가 입곱 살의 아들이
  죽의 뒤 5년 만에 돌아올 줄을.
  또 왕자와 채씨를 위해서는 다음 게송을 지었다.

  옛날에는 왕가(王家)의 아들이
  지금에는 채씨의 손자가 되었네.
  한 점의 글자 아니었다면

같다 다르다 의논이 분분했으리.

　이런 몇 가지 일을 본다면 영명(靈明)은 몸을 따라 변하지 않는다는 것을 알 수 있다. 사람이 죽으면 몸과 정신이 함께 멸한다 함이 어찌 몽매함이 아니겠는가.

　천당과 지옥에 이르러서도 실제 본래 있는 것은 아니다. 사람의 업감(業感)으로 저절로 그렇게 되는 것이다.

　공자는 일찍이 '나는 꿈에 주공(周公)을 보지 못한지가 오래다' 하였다.

　대개 꿈이란 사람의 심식작용이며 몸이 그렇게 시키는 것이 아니다. 공자가 꿈에 주공을 만난 것은 평소에 주공의 도가 있어서 오로지 실천할 마음을 간직했기 때문에 그 정신이 저절로 서로 감응하여 그렇게 된 것이다.

　사람들도 그와 같다. 선이나 악을 오로지 행하면 선한 사람은 꿈에 영예를 보고, 악한 사람은 꿈에 치욕을 당한다. 왜냐하면 선한 사람은 부지런히 정의를 따르고, 악한 사람은 혼비하여 이익을 구하기 때문이다. 선한 사람은 오직 정의를 따르기 때문에 일마다 이치에 맞고, 악한 사람은 오직 이익을 구하기 때문에 일마다 외로움을 느낀다.

　선한 사람은 일마다 이치에 맞기 때문에 사람들은 그를 훌륭하게 여기고, 악한 사람은 일마다 이치에 어긋나기 때문에 사람들은 그를 미워한다. 선한 사람은 사람들이 좋아하기 때문에 스스로 위로 영달(英達)하여 자록(爵祿)이 더해지며, 악한 사람은 사람들이 미워하기 때문에 스스로 영달해도 형벌이 더해진다.

그러므로 선한 사람은 모두와 함께 하므로 기꺼이 영화를 이루나, 악한 사람에겐 깜짝 놀라면서 그 재앙을 피하려 도모한다.

선하거나 악한 습관과 기뻐하거나 싫어하는 감정은 정신에 쌓여 있다. 그러므로 그 꿈에서도 영예와 치욕을 보는 것이다. 그 정신이 갔다가 돌아오지 않으면 그것은 곧 내생(來生)이다. 이것을 선한 사람은 천당이라 느끼며, 악한 사람은 지옥이라 느끼는 원인이 되는 것이다.

또 설사 천당이나 지옥이 없는 것이라 하더라도 그 말을 듣는 사람은 천당을 사모하여 선으로 나아가고 지옥을 싫어하여 악을 버릴 것이다. 그렇다면 천당이나 지옥이란 말은 백성들을 교화하는데 있어서 막대한 이익이 있을 것이다. 그리고 그것이 과연 있다면 선한 사람은 반드시 천당에 올라가고 악한 사람은 반드시 지옥에 빠질 것이다. 그러므로 사람이 이 말을 듣게 되면 선한 사람은 스스로 선을 힘써 천당의 복을 누리려

할 것이고, 악한 사람은 스스로 악을 그쳐 지옥에 드는 것을
면하려 할 것이다. 왜 굳이 천당이나 지옥이란 말을 배척하며
허망하다 하겠는가."

(7) 장례에 대하여

[문] "장례(葬禮)는 인간 세상의 큰 일이다. 그러므로 부모의
상(喪)을 당한 사람은 그것을 소중히 하지 않으면 안될 것이다.
성인이 후하게 장사하고 먼저 조상을 추모하라는 교훈을 내리신
것은 그 소중함을 보이기 위해서이다. 후장(厚葬)은 마치 나무뿌
리가 깊으면 가지와 잎이 무성하여 열매가 많으며, 뿌리가 얕으
면 가지의 잎이 꺾이어 열매가 없는 것과 같기 때문이다.

대개 부모는 자식에 있어서 열매와 나무와의 관계와 같다.
그러므로 부모가 자식에 전하는 것은 나무가 열매에 전하는
것과 같다고 말한 것이다. 그러므로 부모의 상을 당한 사람은
반드시 적당한 땅을 가리어 구덩이를 깊이 파고 후장한 뒤에
숲을 무성하게 기르고 물을 저장하여야 한다. 음택(陰宅)을 깊
이 하여 기운을 저축하고 땅을 두텁게 하며 물이 스미지 않게
하여 그 자손들이 번창하고 제사가 끊어지지 않게 할 것이다.

그런데 지금 부처는 이 이치를 돌아보지 않고 허망하게 화

장(火葬)하는 법을 시설하여 사람들의 후손이 끊어지게 하니 어찌 허물이 아니겠는가. 하물며 한창 화장할 때에는 사람의 자식된 마음으로 어찌 차마 볼 수 있겠는가. 그러므로 사람을 미혹시키는 허물은 하늘에 가득할 것이다."

[답] "대개 사람이란 몸도 있고 정신도 있는 것이 마치 몸은 집과 같고 정신은 주인과 같다. 몸이 없어지면 그 정신이 떠나는 것은 마치 집이 무너지면 주인이 살 수 없는 것과 같다.

저 집은 나무와 흙으로 되고 여러 가지 물건으로 꾸민 것이다. 사람들은 그것을 자기 소유라 생각하고 탐하여 그 속에 빠져 그 더러움을 모른다. 때문에 비록 그것이 무너짐을 보더라도 홀연히 잊고 떠나질 못한다.

대체로 몸이란 물과 흙으로 그 형상을 얽고 불과 바람으로 그 바탕을 부지한다. 그 안에 온갖 더러운 것을 간직하여 그것들이 흘러 넘치건마는 사람들은 그것을 금이나 옥보다 더 소중히 보호한다. 어떻게 싫어하고 버릴 마음이 있겠는가. 그 죽음에 이르러서는 불과 바람은 먼저 떠나나 흙과 물은 그대로 간직되어 있는데, 그것은 흙과 물은 전부터 애호했기 때문이다. 그러므로 홀연히 잊어버리고 자유롭게 따라가질 못한다. 지혜로운 사람이 그 흙과 물을 태우고 왕생(往生)할 길을 가리키면 그 정신이 다시는 아교나 칡넝쿨처럼 막히거나 머무는 정(情)이 없이 바로 깨끗하게 올라간다.

그러므로 우리 부처님께서는 아버지의 상을 당했을 때 몸소 화로를 잡으시고, 사천왕(四天王)은 관(棺)을 들고 나한들은 섶을 모아 화장하여 그 아버지의 정신이 깨끗이 올라가 천상에 나게 하신 것이다.

또 황벽 회운선사(黃檗 希運禪師)는 그 어머니를 장사 지낼 때 부처님께 사정을 아뢴 뒤에 강 이쪽에서 횃불을 던졌더니 그 어머니는 불꽃 속에서 남자로 변하여 큰 광명을 타고 천상으로 올라갔다. 양쪽 강 언덕에 있던 사람들은 모두 그것을 보고 신기한 일이라 하였다. 그래서 강 이름을 복천(福川)이라 하였는데, 관청에서 복천이란 이름을 대의도(大義渡)라 고쳤다.

이로써 본다면 화장하는 법은 사람들이 더러움을 버리고 깨끗한 대로 나아가며, 맑은 정신으로 멀리 뛰어나게 하는 것으로서 실로 천도왕생을 돕는 길이오, 세상에 남긴 큰 법이다.

또 만일 화장하는 것을 차마 볼 수 없다면 구덩이를 파고 묻을 때 그것인들 차마 볼 수 있겠는가. 지금 큰 산 기슭이나 넓은 들판에는 옛 무덤이 널려져 있지만 대개는 농부들의 밭이 되어 여기저기에 하얗게 흩어진 머리뼈가 햇볕에 타고 바람에

뒹굴지만 아무도 보살펴는 사람이 없다. 처음에는 모두 비석을 세우고 소나무를 심어 그 땅을 장엄하여 자손들이 번창하고 제사가 끊이지 않기를 도모하였으련만 지금은 왜 이 지경이 되었는가.

다만 생전에 오온(五蘊 : 色·受·想·行·識으로 장엄된 이 몸)을 다 공(空)으로 여기고 육근(六根)을 깨끗이 하여 한 생각도 일지 않는 사람이라면 몸은 비록 이 세상에 붙어 있으나 정신은 항상 세상 밖에 깃든다. 그러므로 맑고 맑은 것은 진공(眞空)에 합하고 담담(淡淡)하기는 물과 같아 오히려 있는 몸도 허깨비처럼 여긴다.

그 때문에 천화(遷化)할 때에는 마치 부스럼이 터진 듯, 때를 씻은 듯, 거꾸로 매달린 결박이 풀린 듯, 창고를 벗어난 듯, 새가 새장을 벗어난 듯, 말이 우리를 벗어난 듯하여 씩씩하고 의지함 없이 소요자적(逍遙自適)하며 가고 머뭄에 걸림이 없다. 그 흙과 물에 무슨 미련이 있겠는가.

그런 사람의 경지에서는 수장(水葬)을 하거나, 땅위에 두거나, 돌을 다듬어 간직하거나, 흙구덩이를 파고 묻거나, 내지는 들불에 타거나, 도깨비가 먹거나, 어떤 형태이든 다 좋은 것이다.

그러므로 달마는 웅이산(熊耳山)에 매장하였고, 육조는 온 몸을 세상에 그대로 남겨 두었으며, 보화(普化)는 요령을 흔들며 날아갔고, 청량(淸凉)은 그 몸을 산속의 짐승에게 먹이로 주라고 명령하였다. 이것은 다 달인들이 세상에 남긴 고상한 자취이며, 자기를 잊은 훌륭한 교훈인 것이다.

그 밖에는 몸을 잊거나 '나'를 없애지 못하였기 때문에 반드시 화장을 치른 뒤에라야 그 정신이 깨끗이 올라가 걸림없는 것이다.

어떤 사람이 객지에서 죽었는데 그 뼈를 거두어 화장을 하였더니 그 공덕으로 그의 덕망은 세상에 높았고, 사람은 제 몸에 돌아왔다. 자손들은 풍성하고 제사가 면면히 끊이지 않았다고 하였다.

화장하면 그 이익이 후손에게 미치지 못한다 말하는 사람은 너무 개인적인 근심이며, 지나친 염려인 것이다. 부디 터무니없다는 말로 잘못 명귀(明龜: 神明)의 과보를 부르지 말라."

(8) 생사에 대하여

[문] "사람의 생사는 곧 사람의 시종(始終)이다. 그러므로 공자는 생사만 말하고 전후(前後)는 말한 적이 없다. 그런데 지금 부처는 그 전후와 생사의 관계를 말하여 3세라 한다. 무릇

나기 전이나 죽은 뒤는 귀나 눈이 직접 보고 듣는 것이 아닌데 누구라서 직접 그것을 보았는가. 그로써 사람을 미혹시키니 어찌 속이는 말이 아닌가"

[답] "사람의 생사는 마치 밤낮이 서로 뒤바뀌는 것과 같다. 이미 뒤바뀜이 있다면 저절로 전후를 이룬다. 낮은 지난 밤을 먼저로 하고 오는 밤을 뒤로 하며, 밤은 지난 날을 먼저로 하고 오는 날을 뒤로 한다. 그리하여 밤과 낮들이 각각 전후와 함께 삼제(三際)가 되는 것이다.

주야가 그렇다면 세월도 그렇고, 세월이 그렇다면 생사도 그러할 것이니 영원한 과거와 영원한 미래도 이로써 알 수 있는 것이다.

주역에 '과거를 밝히고 미래를 살핀다' 하였는데, 득실(得失)의 과보로 왕래(往來)의 말을 밝힌 것이다. 어찌 이른바 전후가 아니라 삼세의 말을 터무니없다 하는 것은 아직 생각하지 못한 것이다."

(9) 진리는 장소가 없다

[문] "천하가 다 따라야 할 것은 오제(五帝)와 삼왕(三王)의 도 뿐이다. 그러므로 성인인 공자는 그것을 조술(祖述)하였고,

여러 현인(賢人)들은 서로 전하여 여러 책에 실었으며 모든 나라도 다 이 도를 따랐다. 그 도는 중국에서 구할 수 있고 오랑캐에게서는 구하지 못한다. 부처는 서방 오랑캐 사람이다. 어떻게 그 도가 중국에 유행하겠는가. 그러므로 한(漢)나라의 명제(明帝)는 그 법을 서역에서 구했으니 몽매한 것이지 그의 이름처럼 현명한 일이 아니었다."

[답] "도가 있는 곳은 사람들이 돌아가는 곳이다. 오제 삼왕은 도를 간직하였기 때문에 사람들의 귀의할 처소가 되어 중국에서 왕노릇을 한 것이다.

부처님이 인도에서 나서 법륜왕(法輪王)이 되신 것도 그와 같다. 중국에서는 인도를 가리켜 서방이라 말하나 인도에서는 중국을 가리켜 동방이라 한다. 만일 천하의 한 복판을 취한다면 한낮에 그림자가 없는 곳이 중앙일 것이니 인도가 바로 그곳이다. 부처님이 거기서 나타난 것이 어찌 천하의 한복판이었기 때문이 아니겠는가.

이른바 동서란 피차의 시각적 공간에서 상대적으로 일컫는 것이지 그 복판을 잡아 동서를 정한 것이 아니다. 그러므로 진실로 부처님을 오랑캐라 하여 그 도를 따르지 않겠다면 순(舜)임금은 동쪽 오랑캐에서 났고 문왕(文王)은 서쪽 오랑캐에서

났다. 그 사람을 오랑캐로 여기고 그 도를 따르지 않겠는가. 난 곳은 자취고 행할 것은 도이다. 다만 그 도가 따를만한가 그렇지 못한가를 볼지언정 그가 난 자취에 구애될 것은 아니다.

앞에서도 말했지만 도가 있는 곳은 사람이 돌아가는 곳이다. 그러므로 춘추(春秋)에서,

서(徐)나라가 거(莒)나라를 정벌하자 오랑캐로 여겼고 또 오랑캐가 제(齊)나라 사람과 형(邢)에서 맹약(盟約)하자 중국으로 여겼다. 서나라는 중국이면서도 오랑캐라는 이름을 받은 것은 그 불의(不義) 때문이며, 오랑캐로서 중국으로 지칭된 것은 의리(義理)가 있었기 때문이다.

무릇 칭찬하거나 나무랄 때에는 다만 그 사람의 현명하고 우매함과 그 일의 옳고 그름을 볼 뿐이다. 어찌 그 태어난 곳으로써 그 사람을 평가하겠는가. 만일 그 자취를 구하지 않고 그 행할 도를 구한다면, 다만 5계(戒)·10선(善)의 도만으로 오제·삼왕의 도에 부끄러울 것이 없다. 하물며 4제(諦)·12연(緣)이나 육도(六度) 등의 법이겠는가.

만일 오제와 삼왕이 부처님을 만났더라도 반드시 합장하고 무릎을 꿇고 앉아 법을 들었을 것이다. 현명한 명제(明帝)로서 그 법을 구한 것이 마땅하지 않은가."

(10) 시세(時世)에 대하여

[문] "불법이 중국에 들어온 뒤로 세상이 차츰 야박해지고
또 흉년이 거듭하여 백성들은 살 곳을 잃고 전염병은 날로 심
하였다. 그 손해가 많지 않은가."

[답] "요·순·우·탕(堯·舜·禹·湯: 중국의 상고시대의
성왕)은 천하의 큰 성인이었으나 수한(水旱)의 재앙을 면하지
못하였고, 걸·주·유·려(桀·紂·幽·厲: 중국 상고시대의
폭군)는 천하의 폭군으로 독부(獨夫)를 면하지 못하였다.
  주(周)나라가 쇠잔하자 인민들은 이미 무너졌고 진(秦)나라
가 흥기하자 천하는 크게 어지러웠다.
  공자 같은 큰 성인으로서도 양식이 떨어졌고 안회(顏回: 공
자의 수제자) 같은 아성(亞聖)으로서도 일찍 죽었으며, 원헌(原
憲: 공자의 10대 제자 중 한 사람)같은 큰 현인으로서도 집이
가난하였다. 이것도 불교 때문에 그렇게 된 것이라 하겠는가.

  부처님이 인도에서 나실 때는 바로 중국의 주(周)나라 소왕
(昭王) 때에 해당한다. 한(漢)나라 명제 때에 불법이 동방에 흘
러 들어왔으므로 삼대(三代: 夏·殷·周) 이전에는 부처님은
나시지 않으셨고, 공자와 인자 때에는 부처의 이름도 듣지 못
하였다.

그때에는 재앙도 없고 흉년도 들지 않았어야 할 것인데 왜 요임금 때에는 9년의 홍수가 있었고, 탕임금 때에는 7년의 가뭄이 있었으며, 공자와 안자는 왜 곤궁하였고 원헌은 왜 가난하였던가.

당 태종이 위징(魏徵)·이순풍(李淳風) 등과 마음을 모으고 덕을 같이 하여 천하를 통일하자 백성들이 모두 기뻐하여 온 나라가 경하하였다.

그때 신라 진덕왕(眞德王)은 손수 태평가를 지어 비단에 수를 놓아 올렸는데 들어보면 다음과 같다.

대당(大唐)이 연 큰 업(業)이여,
높고 높은 큰 법도(黃猶) 창성하도다.
전쟁을 그치고 위엄으로 평정하시니
백왕(百王)에 제합한 문덕(文德)이로다.
해와 달과 함께 하는 큰 어지심이어,
백성들 사랑함은 당우(唐虞)를 능가하셨도다.

신령한 산악은 재상(宰相)을 내리시고
상제(玉皇上帝)는 충량(忠良)을 임용하셨네.
오제(五帝)·삼황(三皇)처럼 한 덕 이루어

당나라 황제를 빛내셨도다.

또 신라 태종 춘추공(春秋公)은 김유신(金庾信)과 마음을 같이 하고 힘을 합하여 삼한(三韓)을 통일하여 나라에는 큰 공이 있었다. 그때에는 곡식이 천할 정도로 풍년이 들어(베 한 필에 벼 30석) 백성들은 근심 없이 즐기며 모두 성대(盛代)라 하였다.

다 같은 데도 불법이 태평한 세상을 만들었다고 하지 않겠는가. 불법이 성행하던 그 때를 당해 무엇이 그처럼 태평하게 하였겠는가.

조주심(趙州諗) 선사는 7백 갑자를 살았고, 오대산의 개(開) 법사는 3백 여 년을 살았다. 만일 불법이 사람을 일찍 죽게 한다면 그분들도 불자인데 어떻게 그처럼 수명이 길었겠는가.

고금의 치란(治亂), 수명의 장단과 또 고락(苦樂)은 시운의 성쇠에 크게 관계되며, 또한 중생들의 업에 의해 감득(感得)한 것이다. 세상이 태평하지 않고 백성들이 삶을 의뢰하지 못하는 허물을 불법에 돌린다는 것은 아직 생각하지 못한 것이다."

(11) 결사정신에 대하여

[문] "그대 불교도들은 편히 노는 백성이 되어 누에도 치지 않고 밭도 갈지 않는다. 남의 힘으로 입고 먹기 때문에 백성들은 거기에 시달려 여러 번이나 빈궁하게 되었다. 그 폐단이 크지 않은가."

[답] "승려의 책임은 법을 널리 펴고 중생을 이롭게 하는데 있다. 법을 널리 펴 혜명(慧明)이 끊어지지 않게 하고 중생을 이롭게 하여 사람마다 스스로 착하게 한다. 이것이 승려의 의무이다.

진실로 그렇게만 한다면 사람들이 봉양을 받아도 부끄럽지 않을 것이다. 이같이 못한다면 이는 그 사람의 허물일 것이다. 어찌 부처의 허물이겠는가.

맹자는 '여기 어떤 사람이 있다. 그는 돌아오면 부모께 효도하고 나가면 사람들을 공경한다. 선왕의 도를 지키며 후세의 학자들을 기다리는데도 그대에게 봉양을 받지 못한다면 그대는 왜 목수나 수레 만드는 사람들(梓匠輪輿)을 존경하면서도 인의(人義)를 실천하는 사람은 가벼이 여기는가' 하였다. 이것은 도를 지키는 사람들을 이롭게 한다면 남에게 의식을 의탁해도 된다는 말이 아니겠는가.

대개 사람의 빈부란 각자에게 본래의 분수가 있다. 전생에 좋은 씨를 뿌린 사람이라면 날마다 써도 여유가 있겠지만, 전생의 좋은 종자가 없는 사람은 날마다 모아도 넉넉하지 못할 것이다.

세상에 어떤 사람은 부처님을 보고도 예배하지 않고 승려를 보면 꾸짖으며 종신토록 보시하지 않아도 옷은 몸을 가리지 못하고 음식은 배를 채우지 못한다. 이것도 승려 때문에 그렇게 된 것이라 하겠는가."

(12) 이름없는 스님들에 대하여

[문] "청정히 욕심을 적게 하여 법을 위해 몸을 잊으며 많이 듣고 힘써 기억하여 후배를 인도하는 것은 불자의 행이다. 그런데 지금 불교도들은 그 행을 닦지 않고 도리어 스승의 법을 더럽힌다. 누가 그에게 도를 물으면 담장을 마주하고 선 것처럼 답답하면서도 부처를 비천하게 팔아 제 몸을 기르는 자료로 삼는다. 그가 살던 집은 일반의 집으로 쓰고 그 사람은 사람노릇을 하게 하여 사민(四民)의 수에 충당하여 군국을 돕게 해야 할 것이다."

[답] "기린봉란(麒麟鳳鸞: 상서로운 짐승과 새)은 모여서 때를 짓지 않고, 척벽촌주(尺璧寸珠: 가장 귀한 보배)는 팔리기를 구하지 않는다.

공자의 문인이 3천 명이나 되었으나 철인(哲人)이라 일커어진 사람은 열 명 뿐이며, 바다 같은 여래의 회상에서 제일이라 일커어 지는 사람도 또한 열 명에 지나지 않았다.

더구나 지금은 성인이 떠나신 지 더욱 멀고 사람들의 근기는 미약한데 어떻게 사람마다 가섭의 청정한 행과 아난의 많이 들음(多聞)과 같게 할 수 있겠는가. 공자와 안자가 떠난 지 천년이 지났으나 아직 안연(顔淵)이나 민자건(閔子騫 : 공자의 10대 제자 중 하나) 같은 이가 있다는 말은 듣지 못했다.

대개 승려가 승려 다우려면 오덕(五德 : 怖魔·乞士·淨戒·淨名·破惡)과 육화(六和 : 身·口·意·戒·見·利)를 갖춘 뒤에야 비로소 그 이름에 적합할 것이다. 그러나 이름과 실지가 부합하는 사람은 실로 얻기 어려운 것이다.

숲에는 제목으로 쓰지 못할 나무도 있고, 밭에는 열매를 맺지 못한 벼도 있다. 비록 법을 그대로 받들어 행하지 않는 사람이 있더라도 너무 미워할 것은 아니다. 다만 그 형상을 의지해 차츰 익혀 천성(天性)을 이루어 그 도를 잃지 않게 할 뿐이다. 어찌 실수가 있다하여 그 도까지 폐할 수 있겠는가."

(13) 허탄·적멸한 불경

[문] "불경을 상고해 보았더니 그것은 허원(虛遠)함을 힘쓰고 적멸(寂滅)을 숭상하였다. 소학(小學)보다 곱절이나 공을 들여도 쓸모가 없고, 대학(大學)보다 고상하나 실리(失利)가 없다. 그로써 자신을 닦고 남을 다스리는 방법이 될 수 있겠는가."

[답] "책이란 도를 싣는 도구며 널리 교화하는 방법이다. 그 책을 보면 그 도를 쫓을만 한가 그렇지 않는 가를 알 수 있고 그 예(禮)는 사모할만 한가 그렇지 않은 가를 알 수 있다. 그 도를 쫓을 만하고 그 예를 사모 할만 하다면 어찌 내가 익힌 것이 아니라 하여 버릴 수 있겠는가.

그대는 듣지 못했는가. '천하에는 두 도가 없고 성인은 두 마음이 없다.' 성인은 공간적으로는 천리가 막혀 있고 시간적으로는 만세(萬世)의 간격이 있다 해도 그 마음은 일찍이 다르지 않는 것이다.

공자는 '의식하지 말고 꼭 그렇게 되리라 기약하지 말며 고루하지 말고 자기를 내세우지 말라' 하였고, 주역에는 '그에게 등을 돌리고 섰다 해도 나(我)가 없고 그의 뜰에 가더라도 사람이 없다. 나도 없고 사람도 없는데 무슨 허물이 있겠는가' 하였다.

석가는 '무아 무인으로 일체의 선법을 닦으면 바로 보리를 얻는다' 하였다. 이것은 성인의 세상은 다르나 그 마음은 같은 까닭이다. 이른바 '허원 적멸'이란 말은 3장(藏) 12부 중 어떤 책을 의거하여 말하는 것인가.

대계(大戒)는 '효순(孝順)에 지극한 법이다. 효를 계(戒)라 이름하고 또는 제지(制止)라고도 한다' 하였다. 이것을 '허원'이라고 말한다면 되겠는가.

또 원각경(圓覺經)에는 '마음의 꽃이 피어 시방세계를 비춘다' 하였다. 한결같이 '적멸'이라 말해서야 되겠는가. 만일 그 진위(眞僞)를 경험하려면 먼저 그 글을 살펴 보아야 한다. 그 글을 자세히 살펴보지 않고 함부로 배척하면 반드시 달인(達人)의 비웃음을 살 것이다.

그대는 듣지 못했는가. '천하의 문장을 다 읽지 못하고는 고금을 분간하지 못한다' 한 말을.

공자는 '대개 효도란 하늘의 큰 법칙이며 땅의 큰 의로움으로써 백성이 행하는 것이다' 하였다. 이것이 어찌 지극한 도를 말한 것이 아니겠는가.

또 '감득(感得)하면 천하의 일을 바로 통한다' 하였으니, 이것이 어찌 밝게 비춤을 말한 것이 아니겠는가.

유교의 이른바 '명덕(明德)'이란 곧 불교에서 말하는 '묘하게 정미롭고 밝은 마음(妙精明心)'이며, 또 이른바 '고요하여 움직이지 않으나 감득하면 바로 통한다'는 것은 곧 불교에서 말하는 고요히 비친다(寂照)라는 말이며, 또 이른바 '자기가 착한 뒤에 남의 착함을 따지고, 자기에게 악을 없앤 뒤에 남의 악을 바르게 할 수 있다' 한 것은 우리 불교에서 말하는 '악을 끊고 선을 닦아 중생을 이롭게 한다'는 것이다. 무엇이 다른가.

말한 이치가 같다면 가르친 지취인들 무엇이 다르겠는가. 자기에게는 알뜰히 하고 남에게는 등한히 하며, 내것은 옳다 하고 남의 것은 그르다 하는 것은 사람의 상정(常情)이다.

통달한 사람은 오직 의(義)를 따를 뿐이다. 어찌 인아(人我)와 피차(彼此)를 다투겠는가.

사람들이 벼슬이나 승상으로 권하지 않더라도 모두 그 교화를 따르게 한 것은 삼교(三敎) 가운데서 불교가 그렇게 한 것이다. 그것은 우리 큰 성인이신 부처님의 큰 자비의 감화 때문이다.

순임금은 묻기를 좋아하여, '가까운 말 살피기를 좋아하고, 악은 숨기고 남의 선을 찬양하였으며, 우임금은 선한 말을 들으면 절을 한다' 하였다. 만일 순임금이나 우임금이 부처님의 교화를 만났다면 어찌 그 아름다움으로 돌아오지 않았겠는가. 그런데 '자신을 닦고 남을 다스리는 방법이 될 수 없다'고 한 말도 덜 생각한 것이다."

(14) 유·불·선의 차이점

[문] "도교와 유교·불교의 같고 다름이나 낫고 못함은 어떠한가?"

[답] "노자(老子)는 '함이 없으면서 하지 않음이 없고, 함이 있어도 함이 없어야 한다' 하였고,

석가는 '고요하면서 항상 비추고 비추면서 항상 고요하다' 하였으며,

공자(孔子)는 '역(易)이란 생각도 없고 함도 없어 고요하여 움직이지 않으나 감득하면 바로 통한다' 하였다.

내가 고요하다는 것은 느낌이 없는 것이 아니다. 즉 고요하면서도 항상 비추는 것이며, 감득하면 통한다는 것은 고요하지 않는 것이 아니라 비춤에 나아가 항상 고요한 것이며, 함이 없으면서 하지 않음이 없다는 것은 고요함에 나아가 항상 감득하는 것이며, 함이 있으면서도 하는 것이 없다는 것은 감득함에 나아가 항상 고요한 것이다.

여기에 의하면 삼가(三家)의 한 말이 가만히 서로 계합하는 것이 마치 한 입에서 나온 것과 같다.

그러나 만일 그 행의 높고 낮음과 활용의 같고 다름에 대해서는 마음의 번뇌를 다 씻고 지혜의 눈을 깨끗하게 한 뒤에 대장경과 유교와 도교의 책을 다 보고 일상의 생활과 생사·화복의 즈음을 참고하면 누구의 말을 듣지 않고도 스스로 머리를 끄덕일 것이다. 내가 어찌 구태여 말하여 그대의 귀를 놀라게 하겠는가.″

제 II 편
한글의 연원(淵源)

그러면 한글에 대한 내력을 이능화 선생의 학설에 따라 간단히 적어 볼까 한다.

　한글의 문자표기법은 범문(梵文) 경전을 번역한 한문 경전의 자모를 모방하였으니 한글은 범어를 원천으로 해서 나온 것이라고 할 수 있다.

　이능화선생이 말했다.

　"옛날 진나라는 시서(詩書)를 불태워 백성들을 어리석게 만들었다. 그러나 우리 한국은 시서(詩書)를 남겨 두었으되 백성들이 도리어 어리석어졌는데, 왜냐하면 본국의 방언을 비천하다고 버리고 다른 나라의 한문을 숭상하고 따랐기 때문이다. 모든 백성들이 학습에 어려움을 겪고 글을 읽을 수 있는 자는 상급사회에 속한 극소수에 불과하였다. 기타 다수의 하급사회 백성들은 모두 글을 알지 못했다. 심지어 관리와 백성 간에 뜻을 통할 수가 없었다. 그래서 신라의 설총(薛聰)이 이두(吏讀)를 제작하여 공문서에 사용하였고, 구결(口訣)을 지어 경서(經書)를 주석하였다.

　조선시대 세종대왕이 비로소 한글을 창제하여 백성들의 일상생활을 편리하게 하였다. 유록(儒錄. 삼강행실록·오륜행실록)을 번역하고 해석하여 인륜이 크게 밝혀지기를 기대하

였고, 범경(梵經 : 법화·능엄·금강반야·미타등의 여러 경
전과 선종영가집·대다라니)을 번역하고 해석하여 불교가 널
리 보급되기를 도모하였다. 지혜를 운용하여 사물을 창조한
성스러운 공덕은 천대(千代)가 내려가도 다하지 않고 없어지
지도 않을 것이다. 그러나 최만리(崔萬理) 등이 반대 상소를
올리고 스스로 당시 부패한 유가의 사상을 대표하였지만 또한
근거를 갖추어서 꾸짖을 가치도 없다. 내가 이제 한글의 역사
를 간단히 저술하여 식자들이 참고할 수 있도록 하고자 한다."

1. 한글제작(諺文製作)

(1) 훈민정음(訓民正音)

세종대왕 25년 계해년(1443) 12월, 이달에 주상께서 친히 언문 28자를 지으셨다. 그 글자는 옛날의 전자(古篆)를 모방하였는데, 초성(初聲)·중성(中聲)·종성(終聲)으로 나누고 이것을 합한 다음에야 비로소 글자가 이루어지게 하였다. 무릇 한자에 관한 것과 우리나라의 민간에서 사용하는 말도 모두 쓸 수 있게 하였다. 글자가 비록 간소하지만 전환(轉換)은 무궁하니 이를 훈민정음이라고 한다.

『세종실록』

26년 갑자년 2월 병신(16일), 집현전 교리(敎理) 최항(崔恒), 부교리 박팽년(朴彭年), 부수찬(副修撰), 신숙주(申叔舟), 이선로(李善老), 돈녕부주부(敦寧府注簿) 강희안(姜希顏) 등에게 명하여 의사청(議事廳)에 나아가 언문으로 운회(韻會): 黃公紹가 찬한 古今韻會를 번역하게 하고, 동궁(東宮. 文宗)와

진양대군(晉陽大君) 유(柔. 世祖), 안평대군에게 그 일을 살피고 관장하도록 하였는데, 모든 것을 전하께 여쭙고 결정하였다. 상을 고르고 중하게 내리고 의식(衣食)을 후하게 내려 생활을 편안하게 하였다.

『세종실록』

28년 병인년에 어제 훈민정음(御制訓民正音)을 궁궐 밖에 반포하였다.

「訓民正音御制 序」에서 말하였다.

"나라의 말이 중국과 달라 한자음과 서로 통하지 아니하므로, 어리석은 백성이 말하고자 함이 있어도 끝내 제 뜻을 펴지 못하는 사람이 많다. 내가 이를 불쌍히 여겨 새로 28자를 만드노니 사람들로 하여금 쉽게 익혀 날로 씀에 편안하게 하고자 할 따름이다."

훈민정음의

ㄱ은 어금닛소리니 군자(君字)로 처음에 나는 소리와 같고, 나란히 쓰면 뀸자(虯字. 지금의 규) 처음에 나는 소리와 같다.

ㅋ은 어금닛소리니 쾡자(快字. 지금의 쾌) 처음에 나는 소리와 같다.

ㆁ은 어금닛소리니 업자(業字. 지금의 업) 처음에 나는 소

리와 같다.

ㄷ은 혓소리니 둠자(斗字. 지금의 두) 처음에 나는 소리와 같고 나란히 쓰면 땀자(覃字. 지금의 담) 처음에 나는 소리와 같다.

ㅌ은 혓소리니 톤자(呑字. 지금 역시 탄) 처음에 나는 소리와 같다.

ㄴ은 혓소리니 낭자(那字. 지금의 나) 처음에 나는 소리와 같다.

ㅂ은 입술소리니 볋자(彆字. 지금의 별) 처음에 나는 소리와 같고, 나란히 쓰면 뽕자(步字. 지금의 보) 처음에 나는 소리와 같다.

ㅍ은 입술소리니 폼자(票字) 처음에 나는 소리와 같다.

ㅁ은 입술소리니 밍자(彌字. 지금의 미) 처음에 나는 소리와 같다.

ㅈ은 잇소리니 즉자(卽字. 지금 역시 즉) 처음에 나는 소리와 같다. 나란히 쓰면 쯩(慈字. 지금의 자) 처음에 나는 소리와 같다.

ㅊ은 잇소리니 침자(侵字. 지금 역시 침) 처음에 나는 소리와 같다.

ㅅ은 잇소리니 슗자(戌字. 지금의 술) 처음에 나는 소리와 같고, 나란히 쓰면 쌍자(邪字. 지금의 사) 처음에 나는 소리와

같다.

ㆆ은 목구멍소리니 ㆆ자(挹字. 지금의 읍) 처음에 나는 소리와 같다.

ㅎ은 목구멍소리니 헝자(虛字. 지금의 허) 처음에 나는 소리과 같고, 나란히 쓰면 **자(洪字. 지금의 홍) 처음에 나는 소리와 같다.

ㅇ은 목구멍소리니 욕자(欲字. 지금의 욕) 처음에 나는 소리와 같다.

ㄹ은 반혓소리니 령자(閭字. 지금의 려) 처음에 나는 소리와 같다.

ㅿ은 반잇소리니 양자(穰字. 지금의 양) 처음에 나는 소리와 같다.

· 은 튼자(呑字) 가운뎃소리와 같다.

ㅡ는 즉자(卽字) 가운뎃소리와 같다.

ㅣ는 침자(侵字) 가운뎃소리와 같다.

ㅗ는 **자(洪字) 가운뎃소리와 같다.

ㅏ는 땀자(覃字) 가운뎃소리와 같다.

ㅜ는 군자(君字) 가운뎃소리와 같다.

ㅛ는 욕자(欲字) 가운뎃소리와 같다.

ㅑ는 양자(穰字) 가운뎃소리와 같다.

ㅠ는 슐자(戌字) 가운뎃소리와 같다.

ㅕ는 볋자(彆字) 가운뎃소리와 같다.

예의(例義):

끝소리는 다시 첫소리를 쓴다. 'ㅇ'를 입술소리 아래 이어 쓰면 입술가벼운소리(脣輕音)가 된다. 첫소리를 어울려 쓰려면 나란히 쓰로. 끝소리도 같다.

'·ㅡㅗㅜㅛㅠ'는 첫소리 아래에 붙여 쓰고,

'ㅣㅏㅓㅑㅕ'는 오른쪽에 붙여 쓴다.

무릇 글자(字)는 모름지기 어울려야 소리가 이루어지는데, 왼쪽에 한점을 더하면 거성(去聲)이고, 점이 둘이면 상성(上聲)이요, 점이 없으면 평성(平聲)이고, 입성(入聲)은 점 더함은 같으나 빨리 끝난다.

중국 소리의 잇소리는 치두음(齒頭音)과 정치음(正齒音)으로 나누는데, 'ㅈㅊㅉㅅㅆ'자는 치두음에 쓰고, 'ㅈㅊㅉㅅㅆ'자는 정치음에 쓰며, 어금닛소리와 혓소리와 입술소리와 목소리의 글자는 중국 소리와 통용하여 쓴다.

이상은 월인석보(月印釋譜)에 나온다.

『운학본원(韻學本源)』은 황윤석(黃胤錫)이 찬했다. 황윤석의 호는 서명산인(西溟散人) 또는 이제(頤齊)이며 영조 때 사람이다.

『운학본원』에 이르기를 "훈민정음 원문을 살피면

'ㅈㅊㅉㅅㅆ' 다섯 글자는 왼쪽 다리와 오른 쪽 다리가 둘 다 길다. 길거나 짧거나 하는 법은 없다. 이제『三韻聲彙』는 다음과 같이 구별하였는데, 치두음(齒頭音)은 왼쪽 다리가 길고 오른 쪽 다리가 짧으며, 정치음(正齒音)은 오른쪽 다리가 길고 왼쪽 다리가 짧다. 대개 신숙주(申叔舟)의『사성통고(四聲通攷)』의「범례」를 따랐을 뿐이다.”라고 하였다.

이능화선생이 말했다.

“내가 앞에 기록한 '훈민정음'은「월인석보(月印釋譜 : '석보상절'과 '월인천강곡'의 합본)』제1권에 나온 것이다. 석보상절은 세조대왕이 수양대군(首陽大君)으로 있을 때 부왕(세종)의 명을 받들고 찬술하여 바친 것인데 소헌왕후의 명복을 빌었던 것이다.

세종이 석보상절을 본 뒤에 찬가를 지어『월인천강곡』이라고 이름을 지어 붙였다. 대개 세종 병인년(1440 : 훈민정음을 반포한 해)에서 천순 기묘년(1459 : 월인석보를 찬진한 해)에 이르기까지 불과 14년인데, 이것이 원시 글 자체로 되었다는 것은 의심의 여지가 없다. 하물며 신숙주의『사성통고』는 세종 기사년(1449)에 찬한 것으로, 이해는 훈민정음을 반포한 지 3년이 된다. 그 범례가 왼쪽과 오른쪽 다리의 길고 짧음으로 치두음(齒頭音)과 정치음(正齒音)을 분별한 것 또한 서로 부합하지 않겠는가. 서명산인(西溟散人)이 이것을 보지 못했기 때문에 이처럼 말한 것이다.

서명산인이 또한 말하였다.

'본조의 세조조를 살펴보건데 원각경언해(圓覺經諺解)는 실로 훈민정음을 본받았고, 최세진(崔世珍)의 사성통해(四聲通解) 역시 『훈민정음』을 본받았다고 한다. 원각경언해는 무릇 동東·동冬·강江·양陽·경庚·청靑·증蒸의 류는 첫소리와 아울러 ㅇ을 쓰며, 끝소리가 없는 지支·미微·어魚·우虞·제齊·가佳·회灰·대隊·가歌·마麻의 류는 ㅇ을 써서 끝소리로 삼았다.

마치 끝소리 같지만 실로 끝소리가 아니니, 지금은 쓰지 않는다. 원각경언해 인본(印本)은 평성·상성·거성 가운데 '로(勞)' 음을 '룡'이라고 하고, '교(敎)' 음을 '굠'이라고 하고, '표(표)' 음을 '뵴'이라고 하고, '두(頭)' 음을 '뚱'이라고 하며, '류(流)' 음을 '륭'이라고 하였다.

또 입성은 '곡(谷)'에서 '곽(郭)'까지 무릇 12격 안에서 끝소리가 ㄹ로 끝나면 아울러 ᇙ을 썼다(결結음音 겨가 결로 끝나면 '곯'로 쓰는 것과 같다.).

또 ㄴ으로 입을 닫으면 끝소리에 아울러 ㅁ을 쓰는데, 지금
과 같다."

원각경언해 인본은 이미 훈민정음을 본받았으니, 앞에 기록
한 글자체와 부합되지 않는 구절이 없다.

(2) 언문(諺文)을 반대한 사람들

세종 26년 갑자년(1444) 2월 경자(20일)에 집현전 부제학
최만리 등이 상소하였다.

"신등이 엎드려 보건대, 언문을 제작하신 것이 지극히 신묘
하여 만물을 창조하시고 지혜를 운용하심이 천고에 뛰어나오
나, 신 등의 구구한 좁은 소견으로는 오히려 의심되는 것이 있
사와 감히 간곡한 정성을 펴서 삼가 뒤에 열거하오니 엎드려
성재(聖裁)하시옵기를 바랍니다.

첫째, 우리 조선은 조종(朝宗)이래 지성을 다해 대국을 섬겨
한결같이 중화의 제도를 준행하였습니다. 이제 글을 같이하
고 법도를 같이하는 때에 언문을 창작하신 것은 보고 듣기에
놀라움이 있습니다. 설혹 말하기를 '언문은 모두 옛 글자(古

字)를 본뜬 것이고 새로 된 글자가 아니다'라고 하지만, 글자의 형상은 비록 옛날의 전문(篆文)을 모방하였을 지라도 음을 쓰고 글자를 합하는 것은 모두 옛것에 반대되니 실로 의거할 데가 없사옵니다. 만약 중국에 흘러 들어가서 혹시라도 비난하여 말하는 자가 있사오면, 어찌 대국을 섬기고 중화를 사모함에 부끄러움이 없사오리까.

둘째, 신라 설총(薛聰)의 이두(吏頭)는 비록 비루한 이언(俚言)이오나, 모두 중국에서 통행하는 글자를 빌어서 어조(語助)에 사용하였기에 문자와 원래 서로 분리되지 않았습니다. 그러므로 비록 서리(胥吏)나 복례(僕隷(종))의 무리라 하더라도 반드시 익히려고 하면, 먼저 몇 가지 서책을 읽어서 대강 문자를 알게 된 다음에야 이를 쓰게 되옵니다. 이두를 쓰는 자는 모름지기 문자에 의거하여야 의사를 통할 수 있기 때문에, 이두로 인하여 문자를 알게 되는 자가 자못 많고 또한 학문을 흥기시키는 데에 얼마간 도움이 되었습니다. …중략…

하물며 이두는 시행한지 수천 년이나 되어 부서기회(簿書期會(일년동안의 회계를 장부에 기입하여 정해진 날짜까지 조정에 보고하던 일) 등의 일에 방해나 장애됨이 없사온데, 어찌 예로부터 시행하던 폐단 없는 글을 고쳐서 따로 비하고 상스럽고 무익한 글자를 창조하시나이까. 만약에 언문을 시행하오면 관리 된 자가 오로지 언문만을 습득하고 언문을 배워 출세하여 영화롭게 된다면 후진(後進)이 모두 이러한 것을 보고, 27자의 언문으로도 족히 세상에 입신(立身)할 수 있다고 생각할 것이오니, 무엇 때문에 애쓰고 힘써서 성리(性理)의 학문을 궁리하려고 하겠습니까.

예전에는 이두가 비록 문자 밖의 것이 아닐지라도 유식한 사람은 오히려 이를 비루하게 여겨 이문(吏文)으로 바꾸려고 생각하였는데, 하물며 언문은 문자와 조금도 관련됨이 없고 오로지 민간의 상말을 쓴 것이 아닙니까. 가령 언문이 전조(前朝)때부터 있었다고 하더라도 오늘의 문명한 정치를 변로지도(變魯至道, 선왕의 유풍만 있고 도가 행해지지 않던 노나라를 변화시켜 도에 이르게 하는 것)하려는 뜻이라면 오히려 그대로 물려받을 수 있겠습니까. 반드시 고쳐서 새롭게 하자고 의논하는 자가 있을 것이오니, 이는 환하게 알 수 있는 이치이옵니다. 옛 것을 싫어하고 새 것을 좋아하는 것은 고금의 공통된 우환이옵니다. 이번의 언문은 새롭게 기이한 한 가지 기예에 지나지 않는 것으로서, 학문에 방해됨이 있고 정치에 무익하므로, 아무리 되풀이하여 생각하여도 그 옳은 것을 볼 수 없사옵니다.

셋째, 상께서 말씀하시기를 '형살(刑殺)의 옥사(獄辭)를 이두 문자로 쓴다면, 문리(文理)를 알지 못하는 어리석은 백성이 한 글자의 착오로 원통함을 당할 수도 있겠으나, 이제 언문으로 그 말을 직접 써서 읽고 듣게 하면, 비록 지극히 어리석은 사람일지라도 모두 다 쉽게 알아들어서 억울함을 품을 자가 없을 것이다' 하오나, 예로부터 중국은 말과 글이 같아도 옥송(獄頌) 사이에 원통함과 억울함이 심히 많았습니다. 가령 우리나라로 말하더라도 옥에 갇혀있는 죄수로서 이두를 해득(解得)하는 자가 친히 초사(招辭)를 읽고서 허위인 줄을 알면서도 매를 견디지 못하여 그릇 항복하는 자가 많사오니, 이는 초사의 글 뜻을 알지 못하여 원통함을 당하는 것이 아님이 명백합니다. 만일 그러하다면 비록 공평하지 못함이 옥리가 어떠한지에 달려 있고 말과 문자가 같고 같지 않음에 있지 않은 것을 알 수 있으니, 언문으로써 옥사를 공평하게 한다 함에 대해 신 등은 그 옳은 줄을 알 수 없사옵니다. …중략…

이제 넓게 여러 사람의 의논을 채택하지도 않고 갑자기 이배(吏輩) 10여인을 모아 가르치고 익히게 하며, 또 가볍게 옛사람이 이미 이룩한 운서(韻書)를 고치고 근거 없는 언문(諺文)을 부회(附會)하여 공장(工匠) 수십 인을 모아 각본(刻本)하여 급하게 널리 반포하려 하시니, 그것이 천하 후세에 어떠하겠습니까." 이하 생략

임금이 상소(上疏)를 보시고 최만리 등에게 말씀하셨다.

"너희들이 '음을 사용하고 글자를 합한 것이 모두 옛글에 위반된다' 하였는데, 설총의 이두 또한 음이 다르지 않느냐. 또 이두를 제작한 본뜻이 백성을 편리하게 하려 한 것이 아니겠느냐. 만일 그것이 백성을 편리하게 한 것이라면 지금의 언문 역시 백성을 편리하게 하려는 것이 아니겠느냐. 너희들이 설총은 옳다고 하면서 군(君上)의 일은 그르다고 함이 무엇 때문이냐. 또 너희들이 운서(韻書)를 아느냐. 사성칠음(四聲七音)에 자모(字母)가 몇이나 있느냐. 만일 내가 그 운서를 바로잡지 않는다면 누가 이를 바로 잡겠느냐."

『이조실록』

(3) 방언(方言)기록

『용재총화(慵齋叢話)』와 『동각잡기(東閣雜記)』 두 책에서 모두 말하였다.

옛날 신라 설총이 처음 이두를 만들었는데, 관부와 민간에서 지금까지 사용하고 있다. 그러나 모두 글자를 빌려(假字) 써서 막히거나 통하지 않고 천박할 뿐만 아니라 터무니가 없을 따름이다. 임금께서 여러 나라에서 각기 글자를 만들어 자기 나라 말을 기록하는데, 다만 우리나라는 글자가 없다고 여기시고 어명으로 자모 28자를 제작하게 하셨다. 이것을 '언문'이라 하셨다. 궁궐 안에 관청을 두고 신숙주·성삼문(成三問)·최항(崔恒)등에게 찬정(撰定)하라고 명하시고 '훈민정음'이라 하셨다.

첫소리와 끝소리(初終聲) 8자 'ㄱ, ㄴ, ㄷ, ㄹ, ㅁ, ㅂ, ㅅ, ㅇ'
첫소리(初聲) 9자 'ㅈ, ㅊ, ㅌ, ㅋ, ㅍ, ㅎ, ㆆ, ㅿ, ㆁ'
가운뎃소리(중성) 11자 'ㅏ, ㅑ, ㅓ, ㅕ, ㅗ, ㅛ, ㅜ, ㅠ, ㅡ, ㅣ, ·'이다.

그 글자체는 고전(古篆)과 범자(梵字)를 본떠서 만들었는데, 어음(語音)을 문자로 기록할 수 없었던 것이 모두 막힘없이 통하였다. 홍무정운의 여러 글자 또한 모두 언문으로 쓰게 하였다. 드디어 오음(五音)을 나누어 구별하였으니 아음(牙音)·설음(舌音)·순음(脣音)·치음(齒音)·후음(喉音)라고 하였다.

순음은 가볍고 무거움의 다름이 있고, 설음은 정(正)과 반(反)의 구별이 있으며, 글자 또한 전청(全淸)과 차청(次淸), 전탁(全濁)과 차탁(次濁), 불청불탁(不淸不濁)의 차이가 있으니, 비록 무지한 부녀자라도 명확하게 깨닫지 못함이 없었다.

중국 조정의 한림학사 황찬(黃瓚)이 그때 요동에 유배되어 왔는데, 성삼문 등에게 명하여 황찬을 만나 음운을 질문하게 하였다. 무릇 요동에 갔다 돌아오기를 13번이나 하였다.

(4) 한문 음석(音釋)

세종 기사년(1449)에 최항에게 명하여『홍무정운』을 번역 하게 하고, 신숙주에게 명하여 사성통고(四聲通攷)를 찬하게 하였다.

홍무정운역훈(洪武正韻譯訓) 서문(신숙주 찬함)

성운학(聲韻學)은 자세히 밝혀내기가 가장 어렵다. 대개 사 방의 풍토가 같지 않으면, 기(氣) 또한 그 풍토에 따라 다른데 소리는 기에서 생겨나므로, 이른바 사성(四聲)과 칠음(七音)이 지방에 따라 다르기 마련이다. 심약(沈約)이 사성운보(四聲韻 譜)를 지은 뒤로(중국) 남방의 음이 섞이게 되자 식견있는 사 람들이 이를 병폐로 여겼으나 역대로 정리하여 바로잡은 사람 이 없었다. 생각하건데 명나라 태조황제(성운이)가 어그러지 고 차례를 잃은 것을 딱하게 여기고, 유신(儒臣)들에게 명하여 중원(中原)의 아음(牙音(正音))으로 통일하도록 하여『홍무정 운』을 만들었다. 이는 실로 천하만국이 따르는 본보기이다.

우리 세종 장헌대왕(莊憲大王)께서 운학(韻學)에 뜻을 두고

서 그 근저까지 깊이 연구하시고 훈민정음 몇 자를 창제하시니, 사방 만물의 소리를 모두 전할 수 있게 되었다. 우리나라의 선비들은 자운(字韻)만 아니라 사성과 칠음이 저절로 갖추지 않은 바가 없게 되었음을 알게 되었다.

우리나라는 대대로 중국을 섬겨왔으나 말이 통하지 않아서 반드시 통역에 의지해야 했으므로, 맨 먼저 『홍무정운』을 번역할 것을 명하셨다. 현 예조참의(禮曹參議) 성삼문, 전농소윤(典農少尹) 조변안(曹變安), 지금산군사(知金山郡事) 김증(金曾), 전행통례문봉례랑(前行通禮門奉禮郎) 손수산(孫壽山) 및 신숙주 등으로 하여금 옛것을 상고해서 증거를 들게 하셨고, 수양대군 휘(諱: 세조)와 계양군(桂陽君) 증(增)에게 출납을 맡게 하셨다.

그리고 매번 몸소 임석하여 일을 부과하여 정하셨는데, 칠음을 맞추고 사성을 조정하여 청탁을 고르게 하였으므로 가로(성무)와 세로(사성)의 균형을 맞추게 됐고, 비로소 없어지고 빠진 것을 바르게 하였다. 그러나 말소리(語音)가 이미 달라지고 그릇되게 전해진 것 또한 심했다. 이에 신들에게 명하여 중국의 선생이나 학사들에게 가서 물어보고 바로잡게 하였으므로(중국으로) 왕래한 것이 7, 8회에 이르렀고, 질문한 사람이 여럿이었다.

연경(燕京)은 모든 나라 사람들이 함께 모이는 곳으로 먼 길을 오갈 때에 일찍이 주선해서 검토하고 밝혀 준 사람들 또한 적지 아니하였다. 다른 지역의 사신들과 승려, 도인(道人), 병졸의 하찮은 무리에 이르기까지 만나 보지 않은 사람이 없었으니, 이로써 바른 것과 속된 것, 다르고 같은 것의 변화를 다 밝히게 되었다. 또한 중국의 사신이 우리나라에 왔을 때 유학자이면(그에게서) 바른 것을 취하였다. 무릇 십여 번이나 원고를 베끼고 매우 힘들게 되풀이 하여 고쳤다. 마침내 8년이란 오랜 세월이 지나서야 빠지고 결함이 있는 것을 바르게 하여 거의 의심스러운 것이 없게 되었다.

문종 공순대왕(恭順大王)께서 동궁에 계실 때부터 성인의 자질로 세종대왕을 보필하여 성운(聲韻)사업에 참여하시더니, 보위를 이어받자 신들과 전판관(前判官) 노삼(魯參), 현 감찰(監察) 권인(權引), 부사직(副司直) 임원준(任元濬) 등에게 명하여 거듭 교정을 보게 하셨다. 무릇 『홍무정운』에서 용운(用韻. 韻母)을 아우르고 나눈 것은 모두 바로잡았으나, 다만 칠음(七音)의 선후(先後)만을 차례대로 되지 않았다. 그러나 감히 가벼이 변경할 수 없어서 그것만 그대로 두고 운을 표시하는 글자들의 위에 (성모(聲母)를 표시하는) 자모(字母)를 분류하여 넣어 두었으며, '훈민정음'을 사용하여 반절(反切)을 대신하였다. 속음(俗音)과 두 가지 음(音)이 있는 것을 모르면 안 되므로, 바로 해당 글자 아래에 두고 각각 주를 달았다. 만약 또 이해하기 어려운 음이 있으면, 간략하게 주석을 달고 그 예를 보여 주었다. 또 세종께서 찬정하신 『사성통고』를 따로 앞머리에 붙이고 다시 「범례」를 지어 지침으로 삼게 하였다.

 삼가 생각하건데, 성상(단종)께서 즉위하시자 이 책을 간행·반포하여 널리 전하도록 급히 명하시며, 신에게는 일찍이 선왕(先王)의 명을 받은 바가 있다 하여 서문을 지어 일의 전말을 기록하도록 명하셨다. 삼가 생각하건데, 음운은(운도에서) 옆으로 칠음이 있고 위아래로 사성이 있다. 사성은 강의 왼쪽 지방(南朝)에서 비롯되었고, 칠음은 서역(西域)에서 기원하였다. 송나라 유학자가 『운보』를 짓자 가로(七音)와 세로(四聲)가 비로소 하나로 통합되었다. 칠음의 36자모(字母)로 되어 있는데, 설상음(舌上音) 네 자모의 순경음(脣輕音)의 차청음(次淸音) 한 자모는 세상에서 사용되지 않은 지 오래되었다. 또한 선배 학자들이 이미 바꾸어 놓은 것이 있는데, 이것은 억지로 남겨두어 옛 것에 얽매여서는 안 되는 까닭이다.

 사성(四聲)에는 평성(平聲)·상성(上聲)·거성(去聲)·입성(入聲)이 있는데, 전탁(全濁)인 글자의 평성은 차청(次淸)에 가

깝고, 상성·거성·입성은 전청(全淸)에 가깝다. 세상에서 사용하고 있는 바가 이와 같으나 또한 이렇게 변한 까닭은 알지 못했다. 또 초성이 있고 종성이 있어 한 글자의 음을 이루는 이치는 필연적인데, 다만 입성에 있어서는 세속에서 대개 종성을 사용하지 않는데 무척 어처구니 없는 일이로다. 『몽고운략(蒙古韻略)』과 황공소(黃公紹)의 『운회(韻會)』(위회거요(韻會擧要)도 입성에 역시 종성을 사용하지 않았으니, 어찌된 일인가? 이와 같은 것이 하나가 아니니 이 또한 의심스러운 일이다.

중국을 오가며 질문하여 바로잡은 바가 많았으나 끝내 한 번도 운학에 정통한 사람을 만나지 못하고 해성(楷聲: 聲符)의 성모(紐)와 운모(攝)의 미묘함을 분별하는 것을 다만 말과 책을 읽는 여가에 성모(淸濁)과 운모(韻母)의 근원을 거슬러 올라가 찾고 이른바 가장 어려운 것(운학의 이치)을 자세히 밝혀내고자 했으니, 이는 오랜 세월 동안 애쓰고 노력해서 겨우 얻게 된 까닭이다.

신 등은 학문이 얕고 식견이 보잘 것 없어서 일찍이 심오한 이치를 깊숙이 탐구하여 임금님의 뜻을 드러내지 못하였다. 오히려 하늘이 내신 성인이신 우리 세종대왕께서 고명(高明) 하고 널리 통달하여(지혜가) 미치지 않은 바가 없고, 성운의 근본과 여줄가리를 모조리 연구하고 헤아려서 결정하신 데 힘입어, 칠음과 사성이 하나하나의 경위(經緯)가 되어 마침내 바른 데로 돌아가게 하셨다. 우리나라 천년 세월 동안에 알지 못하던 것을 열흘이 못 되어 배울 수 있고 진실로 깊이 생각하고 되풀이해서 이를 터득할 수 있다면, 성운학인들 어찌 연구하기 어려우랴.

옛사람이 이르기를 범음(梵音)은 중국에서 사용되었으나, 우리 공자(孔子)의 경전이 발제하(跋提河)라는 강에 이를 수 없는 것은 글자 때문이지 소리 때문이 아니라고 하였다. 무릇 소리가 있으면(이에 부합되는) 글자가 있는 것이니, 어찌 소리 글자가 있을 수 있겠는가? 이제 '훈민정음'으로 이를 번역하여 성모와 운모가 고르게 되면 음화(音和) · 유격(類隔) · 정절(正切) · 회절(回切)같은 번겁롭고 수고로운 일을 하지 않아도, 입을 열면 음을 얻되 조금도 차이가 나지 않을 것이니, 또한 어찌 풍토가 같지 않은 것을 걱정하랴.

우리 성군들이 제작하신 오묘함이 지극히 아름답고 지극히 선하여 고금에 우뚝하고, 전하께서 선대의 업적을 이어받은 아름다움이 선대의 공적을 빛나게 하였다.

2. 어족연구(語族研究)

조선어(朝鮮語) · 일본어(日本語) · 몽골어(蒙古語)는 문법이
동일하다.

어족(語族)을 연구하는 사람들은 『몽골어 · 일본어 · 조선어
는 문법이 동일하다.』고 말한다. 동경제국대학(東京帝國大學)
이과대학(理科大學) 강사(講師) 도리 류조(鳥居籠藏)씨의 강
연(강연의 제목은 조선어 연구와 몽고어의 비교)을 살펴보면,
몽골어 · 일본어 · 조선어 가운데 단어가 유사하거나 공통된
사례를 열거하였다. 또 말하기를 "몽골어는 일본의 고전(古典)
적인 언어와 원래는 동일했으나, 그 후 일본어는 시대에 따라
점차 변화하였고, 몽골어는 변화가 없었기 때문이다"라고 하
였다. 또 문법이 동일한 예를 들어 말하기를 "일본어 '私ハ車
ニ乘テ行ク(나는 차를 타고 갑니다.)는 몽골어로 '비(나는) 통
구(차) 오쓰타(를) 사고(타) 치요우(고)야부나(갑니다)라고 하
는 것과 같다."라고 하였다.

상현은 말했다.

만일 조선어와 비교하면 "我는 車를 乘ᄒ고 行ᄒ오,"인데, 이로 미루어 몽골·일본·조선이 어법이 동일한 것을 알 수 있다. 도리이씨가 또 말하기를 "몽골어는 이로부터 오랍아이태어족(朳亞爾泰語族. Ural—Altaic Language, 우랄알타이어족)에 들어가며, 일본어·조선어·만주어(滿洲語)와 서로 유사하여 마치 형제관계와 같다. 그러나 가까운 이웃의 지나어(支那語(중국어)와 전연 무관한 것은 진실로 불가사의한 일이다."라고 하였다. 또 말하기를 "만약 학술적으로 조선어를 연구하려고 하는 사람이 있다면 반드시 우랄알타이어계에 속하는 토이기어(土耳其語(터키어)·통고사어(佟古斯語(퉁구스어)·만주어·몽골어 등을 서로 비교하는 것을 요체로 삼아야 한다."고 하였다.

만약 어류(語類)의 맥락을 연구하고자 한다면 먼저 종족의 원류를 구별해야 한다. 『신단실기(神壇實記)』(大倧敎의 책)를 살펴보면, 조선 단군의 후예를 배달족(倍達族: 옛날 방언으로 단군을 일컬은 명칭이 배달(倍達)이었다. 지금은 박달(朴達)로 변하였다.)라 하며 5파(派)로 나누었다. 첫째는 조선족(朝鮮族)이고, 둘째는 북부여족(北夫餘族)이고, 셋째는 예맥족(濊貊族)이고, 넷째는 옥저족(沃沮族)이고, 다섯째는 숙신족

(肅愼族)이다.

　조선족은 곧 부루(夫婁)의 후손이다. 조선족은 한족(韓族)으로 이어졌으며, 한족은 반배달족(半倍達族)과 통합했다가 두 갈래로 나뉘었는데, 하나는 진한족(辰韓族)이고 또 하나는 변한족(弁韓族)이다.

　진한족은 신라 쪽으로 이어졌고, 신라족은 고려 쪽으로 이어졌으며, 고려족은 현재 조선족으로 이어졌다.

　변한족은 가락족(駕洛族)으로 이어졌고, 가락은 신라족으로 들어갔다.

　반배달족은 일명 후조선족(後朝鮮族: 箕子의 후손)이며, 반배달족은 마한족(馬韓族)으로 이어졌고, 마한족은 한족(韓族)과 통합했다가 세 갈래로 나뉘어졌다. 하나는 백제와 합쳤고, 하나는 고구려와 합쳤고, 정안족(定安族)으로 이어졌으며, 하나는 탐라족(耽羅族)이 되었다.

　상현이 살피건데, 한금(寒琴) 윤정기(尹廷琦: 丁茶山의 제자가 찬한 『동환록(東寰錄)』의 「금관가야(金官伽倻)」에 『동국총목(東國總目)』에 이르기를, 처음 태어난 사람이 대가락(大駕洛)의 왕이 되었다. 그 나머지 다섯 사람은 5가야의 군주가 되었으니, 아라가야(阿羅伽耶), 고령가야(古寧伽耶), 대가야(大伽耶), 성산가야(星山伽耶), 소가야(小伽耶)라고 하였다.

● 최치원은 수로왕(首露王) 청예(青裔)가 대가야의 시조 뇌질주일(惱窒朱日(阿鼓王 : 아시왕의 별칭))과 어머니가 같은 형제라고 여겼다. 그가 지은 『성리정전(釋利貞傳)』에 이르기를, 가야산의 정견(正見 : 인명) 모주(母主)가 이비가(夷毘訶)의 감응을 입어 대가야왕 뇌질주일과 금관국(金官國)왕 뇌질청예(惱窒青裔) 두 사람을 낳았다고 하였다.

● 『한사(漢史)』와 『위지(魏志)』에서 모두 이르기를, 진한·변한의 왕은 모두 마한 사람으로 삼았으니, 이것은 당시에 실제로 들은 것이다. 진한의 석탈해(昔脫解), 변한의 김수로(金首露)는 모두 서한(西韓 : 마한을 서한이라고 이른다.) 계통의 사람이다. 독란(犢卵)이니 금란(金卵)이니 하는 설(說)은 황당하고 거짓되어 족히 믿을 수 없다라고 하였다.

김부식이 이르기를, "남가야(南伽耶) 시조 수로와 신라는 동성(同姓)이라고 하였다."고 하였다. 이와 같은 설을 신뢰하면 마한은 한족(韓族)과 합친 뒤에 다섯 갈래로 나뉘어졌으니, 그 하나는 진한으로 이어져 신라족이 되었고, 또 하나는 변한으로 이어져 가락족이 되었기 때문이다. 이것을 기록하여 참고로 구비한다.

　북부여족은 다섯 갈래로 나뉘었는데, 하나는 동부여족(東夫
餘族)으로 이어지고, 하나는 고구려족으로 이어지고, 하나는
백제족으로 이어지고, 하나는 규봉족(圭封族)과 통합되었고,
하나는 선비족(鮮卑族)이 되었다.

　동부여족은 고구려족에 유입되었다.
　고구려족은 또 둘로 나누었는데, 하나는 신라족과 합쳤고,
하나는 발해족(渤海族)으로 이어졌다. 발해족은 여진족(女眞
族)으로 이어졌으며, 여진족은 금족(金族)으로 이어졌고, 금
족은 후금족(後金族)으로 이어졌는데, 즉 지금의 만주족(滿洲
族)이다.

　백제족은 신라족과 합쳤다가 고려족에 유입되었다.
　규봉족은 부여족에 유입되었다.
　선비족은 거란족(契丹族)으로 이어지고, 거란족은 발해족
과 합쳤다가 요족(遼族)으로 이어지며, 요족은 여진족에 유입
되었다.

　예맥족은 두 종족이 합친 명칭이며, 예족과 맥족은 고구려

족과 함께 유입되었다.

옥저족은 두 갈래로 나누었는데, 하나는 예맥족과 합쳤고, 하나는 발해족에 유입되었다.

숙신족은 읍루족(挹婁族)으로 이어지며, 읍루족은 물길족(勿吉族)으로 이어지고, 물길족은 말갈족(靺鞨族)으로 이어지며, 말갈족은 발해족에 통합되었다.

이제 근세언어학(近世言語學)의 사서(辭書)에 의거해 어족을 다음과 같이 열거한다.

〖우랄알타이어족(Ural—Altaic Language)〗

이 거대한 어족(語族)은 아세아 동부, 중부 및 구라파 동북부에 걸쳐 넓게 퍼져 있는데, 서쪽의 우랄 산맥에서 동쪽의 알타이 산맥 사이에 있는 여러 민족이 사용하고 있는 언어이다. 우랄알타이어족은 지리에서 유래한 명칭이다. 그 인종을 따라 또 민족을 일컫게 되었으며, 또한 〖튜란어족(Turanian Language)〗, 〖스키타이어족(Scytghian Language)〗, 〖핀—타타르어족(Finno—Tatar Language)〗이라고 칭한다.

이제 만약 이 어족이 소속된 것을 분류하면 대략 다음과 같다.

① 조선어족

② 일본어족

③ 북극어족(北極語族): 에스키모어, 아이누어 등

④ 몽골어족

⑤ 만주어족(만주어, 퉁구스어 등)

⑥ 타타르어족(타타르어, 터기어)

⑦ 사모아어족(沙母阿語族) 사모아 등

⑧ 핀우그리아어족(Finno—Ugrian Languages) 핀란드, 헝
가리어 등

이상의 여러 항목 가운데 ①에서 ⑥까지는 알타이어족이고,
⑦, ⑧은 우랄어족이다. 이 우랄알타이어족은 언어학상 이른
바 〚교착어류(膠着語類. Agglutive Language)〛이며, 아리안
족(亞利安語族) · 남양어족(南洋語族) · 지나어족(支那語族)
등과 서로 대치되며, 세계 언어 가운데 하나의 거대한 어족을
형성하고 있다.

만약 이상의 도표를 살펴보면 도리 씨가 말한 것은 자연스
럽게 이해가 된다.

3. 어법의 다름

조선어와 지나어의 문법은 다르다.

도리 씨는 또 말하기를, "지금 조선어는 지나(중국) 문화의 영향을 받아 고유한 말(言葉)이 많이 사라졌다. 예컨대 천자 문의 '산(山)' 음은 지나어(중국어)의 발음일 뿐이며, 조선 고유의 음은 알지 못하게 되었다."라고 하였다.

상현이 말했다.

진실로 도리 씨의 말과 같다면, 이제 하나의 예를 들기로 하겠다. '현(峴)' 자를 예로 들어 말할 수 있다. 다만 이것은 경성 안에 있는 지명인데 '梨峴(배오개)', '夜照峴(야죠개)', '泥峴 (진고개)', '黃土峴(황토마루)', '仁成富峴(인성붓재)'라고 한다.

'현(峴)' 자에 '오개, 고개, 마루, 개, 재' 등 다섯 개의 다른 명칭이 있는데, 무엇이 그 원어(原語)인지 알 수 없다. '孟峴 (맹현)' 같은 경우도 마찬가지이다. 산(山)자는 한어(漢語) 발음으로 산이며, 그 뜻 또한 동일하다.

그렇지만 이는 단어만 예를 들어 말한 것이다. 그러므로 한어와 어쩌면 서로 비슷한 점도 있다. 만약 긴 말(長語)의 문법을 논한다면 한어와 전혀 다르다. 예컨대 중국어의 "我看見那個猫"는 조선어로 "나는 저 고양이를 보았다."이며, 중국어 "我坐車去"는 조선어로 "나는 차를 타고 갑니다."이다. 조선어는 동사가 반드시 곧 바로 뒤에 따라 오지만 중국어는 동사가 반드시 어순이 뒤바뀌어 그 앞에 온다. 이를 살펴보면 도리씨가 말한 '몽고어 · 일본어 · 조선어는 상호 유사하지만 가까운 이웃인 중국어와는 전혀 무관하다,'고 한 것은 까닭이 있는 것이다.

4. 어음의 변화

조선 방언이 지나 문자와 혼합되어 하나가 되었다.

상현은 말했다.

"내가 본디 몽고어에 취미가 있었는데, 이제 도리 씨의 말 때문에 비로소 그 어법이 일본어 및 조선어와 서로 유사하다는 것을 알게 되었다. 그렇다면 반드시 어족의 계통과 관련된 맥락이나 문물이 상통된 관계가 있다는 것을 의심하지 않는다. 조선은 중국에 인접해 있는데, 어찌하여 어법이 전혀 같지 않은가? 나는 일찍이 그 까닭을 고구(考究)하였다.

만약 먼저 우리 본토 고유의 방언을 연구하여 인근에서 전해 온 문어(文語)를 변별하고 분석하지 않는다면 알 수가 없다. 대개 기자조선(箕子朝鮮)·위만조선(衛滿朝鮮)·한무사군(漢武四郡) 이후의 단군조선(檀君朝鮮)은 지나문화의 영향을 받아 글은 한문, 말은 한어(漢語)로 하였다. 이때부터 한문과 조선 고유의 방언은 음과 뜻(音義)이 혼합되어 일종의 조선 문어(文語)로 변화되었다. 예를 들어보자.

천(天)을 '하늘 텬'이라고 하는데, '하늘'은 고유한 방언이며 '텬'은 한어(漢語)의 영향을 받은 것이다. 지(地)는 '따 디'라고 하는데, '따'는 고유한 방언이며, '디'는 한어의 영향을 받은 것이다.

이와 같이 차츰 차츰 변하여 방언(俗語. 속서)과 문어(漢文)는 드디어 두 갈래 길을 형성하게 되어 관민 사이에 뜻이 통할 수가 없었다.

『운학본원(韻學本源)』은 손목(孫穆)이 『계림유사(鷄林類事)』에 기록한 고려 방언을 인용하였다. 지금은 『강희자전(康熙字典)』에서 볼 수 있다.

수(水沒, 물) 정(井. 조몰. 우물) 숙수(熟手. 泥根沒. 니근물) 냉수(冷水. 時根沒(시근물) 궁(弓. 活(활) 살피건데 동한(東漢)의 『삼국지(三國志)』에 이르기를, 신라 진한은 궁(弓)을 호(弧)라고 불렀으니, 대개 활(活)은 '호(弧)'음이 바뀌었을 뿐이라고 하였다. 사십(四十. 마량(麻兩). 살피건대 兩은 아마도 雨의 오기인 듯하다(마운). 고(鼓. 濮음은 복(卜) 저(苧. 毛 마땅히 모시(毛施)라고 해야 한다.) 苧布(저포. 모시배(毛施背) 백(白) 漢(한) 족(足) 발(潑)

동월(東越)이 『조선부(朝鮮賦)』에서 자신의 주를 단 것. (지금 『해동여지승람(海東輿地勝覽)』에 있다.)

팔(八. 也得理不(여득리부) 부(父. 阿必(아필) 모(母. 額彌)

이미 또 이르기를, "그 나라 음에 두 가지 양식이 있다. 책을 읽을 때는 평성이 거성과 비슷한데, 마치 성(星)을 성(聖)이라 하고 인(姻)을 연(燕)이라고 하는 것과 같다. 일상적인 말에서는 많은 것이 여진(女眞)의 것과 같다. 심지어 한 글자를 서너 글자로 만들어 부르는 것이 있는데, 八자, 父자, 母자와 같은 것들이다.

『운학본원』은 또『우리나라에서 평상시 말할 때 또한 중국어가 많은 것을 이따금 볼 수 있으니, 이제 다음에 간략히 열거한다.

當直(당직. 당지) 下處(하처. 하쥬) 銅(동. 동래뚱) 頭盔(다퀴. 뒤퀴) 大紅(대홍. 다홍) 紫的(자적. 자디) 鴉靑(아청. 아칭) 網巾(網巾. 망건) 甘結(甘結. 간계래 勘이라 쓴다.) 上頭(上頭. 상투) 敢頭(간투. 머리쓰개이고 뚜껑이다. 또 感이라고도 쓴다.)

동국(東國)의 음은 가볍고 맑으며 얕고 촉급하다. 언어와 문자는 이미 두 갈래 길로 나뉘었고, 사용하는 언문 또한 음(音)은 있되 문자(字)가 없다." 하였다.

5. 가차한자(假借漢字)

무릇 가차자(假借字)는 모두 동그란 점(圈點)을 찍었다.

(1) 신라 방언 가자

태평(太平) 11년 세차 신미년(1031) 정월 4일, 고려국 상주계(尙州界) 지경산부사(知京山府事)의 관할 구역인 약목군(若木郡)내 동남방에 있는 정도사(淨兜寺) 5층 석탑을 만든 경위에 관한 기록(淨兜寺五層石塔造成形止記)

군의 백성인 광현(光賢)이 천희(天禧) 3년 세차 기미년(1019) 10월   일.

우리나라의 위력이 길게 뻗치고 기초가 길이 견고해져 오래도록 먼 세월을 보전하고 임금께서도 만수무강하소서. 관원들은 이 묘현 인연에 힘입고 이 좋은 사업으로 말미암아 재해와 앙화를 입지 않으며 복이 불어나고 목숨이 늘어나니, 곳곳마다 모두 좋아하고 사람들이 생업을 즐긴다. 이웃 나라(거란)와의 전쟁이 끝나 위로는 조정이 더욱 편안해지고, 온갖 곡식이 풍년들어 모든 백성이 화평하고 풍요롭다. 군내의 남녀노소 백성들이 오래오래 살고, 복을 받고 재앙이 사라져서 길이 편안함을 보전하며 언제나 즐겁게 지낼지니라.

삼계(三界)의 떠도는 넋과 사생(四生)의 나쁜 업보를 받들고 이와 같이 탑을 만들어 모두 생(生)을 얻고자 하늘의 뜻으로 5층 석탑을 이루려는 염원을 표했으나, 이루지 못한 채 태평 2년 세차(歲次) 임술년(1022) 5월 초칠일에 신병(身病)으로 별세하였거늘, 친형인 부호장(副戶長) 품유(稟柔), 공산신방(公山新房)에 거주하면서 선행을 닦는 중으로서 본관이 수성군(壽城郡)인 각유(覺由)에게 염원을 계승하여 완성하도록 권선해서 곡식 102석을 모두 수령하게 하였다.

군사(郡司)의 호장(戶長)이자 인용교위(仁勇校尉)인 이원민(李元敏), 부호장인 응률(應律), 이성(李成), 품유(稟柔), 신언(神彦), 호정(戶正)인 굉운(宏運), 부호정(副戶正)인 성헌(成憲), 관사(官司)인 광책(光策) 등이 태평(太平) 3년 계해년 6월 일 정도사에 세우게 하자고 의견을 제출한 일이 있거늘, 선주(善州)의 집거원(集拒院) 주인으로서 본관이 의전군(義全郡)인 정원(貞元) 백사(伯士)에게 사뢰어 절에 세우기로 하고 (절에서) 1천3백 걸음 떨어진 아간산(阿干山) 김직(金直)의 밭

둑에 같은 해 11월 6일에 원청백사 자신의 승려 3명이 날마다 총 인부 348명과 함께 돌을 이듬해 봄철까지 마친다고 듣고 이루지 못한 사유를 사뢰는 것으로, 또 우장(右長)이 본 군의 선원에 거주하는 중으로서 본관이 약목군인 지한(智漢)을 권해서 태평 5년 세차 을축년 3월 12일에 곡식 13석, 태평6년 세차 병인년 10월 일에 쌀 54석을 수령시킨 것에 대하여 더욱 물력을 모아서 태평 7월 세차 정묘년 12월에 자원해 나서는 승속(僧俗) 1천녀 명을 호장(戶長) 유경(柳瓊)이 왼쪽 패로, 부호장 승률(承律)이 오른쪽 패와 같이 나누어 날마다 돌 운반하는 일을 다 끝내고 태평 9년 기사년 2월 일에 위의(정원)백사를 그대로 청해 같은 해 봄, 가을, 겨울을 거쳐 올래(1029년) 겨울에 돌 다듬는 일을 다 끝냈다.

절 일은, 사창(司倉)의 도행(導行. 토지대장)을 살펴보면, 76년 전인 병진년(956)에 양전사(量田使) 전수창부경(前守倉部卿) 예언(藝言), 하전(下典), 봉휴(奉休), 산사(算士), 천달(千達) 등이, 을묘년(955) 2월 15일에 송량경(宋良卿)이 결(結)을 살핀 도행을 가지고, 현덕(顯德) 3년 병진년(956) 3월 일에 작성한 토지대장(作)에는 "대하전(代下田)은 장(長. 길이가 긴 쪽)이 27보, 방(方. 길이가 짧은 쪽)이 20보이고, 북쪽에는 능소(能김)의 밭이 있고, 남동쪽에는 도랑이 있으며, 서쪽에는 갈경사(葛頸寺)의 밭이 있는데, 승공(承孔. 장과 방의 길이가 곱한 것)은 540으로 넓이가 마흔아홉 짐 네 뭇이다. 또 이 절의 위전(位田)인 대하천은 앞의 대하천 남쪽에 있는데, 장(長)이 19보, 동쪽 길이가 3보이고, 동쪽·남쪽·북쪽에는 도랑이 있으며, 서쪽에는 문달(文達)의 대전(代田)이 있는데, 승공은 104로서 넓이가 아홉 짐 다섯 뭇"이라고 위와 같이 실려있다.

팔거현(八居縣)의 지리 중 연묵(延嘿)이 '거촌(居村)'에 점을 쳐서 정한 뜻과, 군사(郡司)의 호장(戶長)인 별장(別將) 유경(柳瓊), 섭호장(攝戶長) 김보(金甫), 호정(戶正) 성윤(成允), 부호정(副戶正) 이희(李禧), 서자(書者) 승복(承福) 등이 태평 10년 세차 경오년(1036) 12월 7일에 공문으로 절터 안에 적당한 곳을 찾아 세우고자 한 뜻을 마친 것으로, 같은 날 절 안의 가운데로 정한 일로 같은 달 12일 정(正) 위강(位剛), 대정(隊正) 숭암(嵩嵒), 식영(式英), 일품군(一品軍) 작린(作隣) 등 스물한 사람이 다섯 자를 파고 석축 열자를 사방으로 쌓게 하였다.

현풍현(玄風縣) 북면 관음방(觀音房) 주인인 정보(貞甫) 장로가 모셨던 사리 열일곱 개를 경산부(京山府) 처장사주(處藏寺主)인 언승(彦承)장로가 이달 1일 모시고 온 일이 있기에 본래 유리통(瑠璃筒) 하나와 두 냥쭝 되는 놋합 하나에 안전하게 모시고 위 문기와 함께 또 열두 냥 서 돈쭝 되는 놋합 하나에 모셨다.

돌을 다듬었을 때로부터 순서대로 지금에 이르기까지 천원사주(天原寺主) 대사 청윤(靑允), 금강사주(金剛寺主) 대덕(大德) 석령(釋令), 방윤사주(芳允寺主) 중직(重職) 광조(匡祚), 선원주인(禪院主人) 회천(懷闡), 도속사주(道俗寺主) 현랑(賢郎), 보사사주(普沙寺主) 양현(讓賢), 대승사주(大乘寺主) 언융(彦融), 금영사주(金英寺主) 원경(元慶), 연장사주(蓮長寺主) 지선(智善), 금안사주(金安寺主) 법진(法眞), 경산분(京山府) 등 이들은 각각 곡식 한 섬이요, 반야사주(般若寺主) 득명(得名·光獻)이 곡식 석 섬이요, 선원(禪院)에서 거주하는 중 연육(連育)이 쌀 한 섬이요, 부호장(副戶長) 긍례(肯禮·叔宏), 호정(戶正) 성윤(成允)·한기(漢器), 정(正) 웅헌(雄憲)·진한(眞漢), 부병정(副兵正) 원행(元行) 등이 걸공(乞供)해서 바친 쌀 열일곱 섬 말이요, 지홍랑(志興郎)이 보리 한 섬이요, 칠장이 신정(信貞)이 상경포(上京布) 서른 자요, 지봉사주(智奉寺主) 대사 민광(旻光)이 베 15자요, 부호장(副戶長) 품유(稟柔)가 쌀 석섬 열말과 재(齋) 5도(度), 삼(麻) 한 갓이요, 반야사주(般若寺主) 광유(光由), 호장(戶長) 유경(柳瓊), 산원

(산원(散員) 적의(積宜), 청사주인(碃寺主人) 행승(幸僧) 등이 각각
삼 한 갓이요, 유장(鍮匠 거등달(居等達)이 두 냥쭝 되는 놋합
하나요, 부호장(副戸長) 긍례(肯禮), 병정(兵正) 좌의(佐宜),
호장 유경 · 신언(神彦), 묘홍사주(妙洪寺主) 각유(覺由), 금강
사주(金剛寺主) 반야사주(般若寺主), 연장사주(蓮長寺主), 도
속사주(道俗寺主), 선원주인(禪院主人), 천원사주(天原寺主),
청천사주(碃天寺主) 정굉(貞宏), 신방주(新房主) 현송(賢宋),
면권사주(婂倦寺主) 신억(神憶), 부호장(副戸長) 승률(承律),
부정(副正) 원백(元白) · 지백(智白) · 사행(師行) · 순남(順男)
등이 각각 재(齋) 1도(度)요, 선석사주(仙石寺主)가 제2도요,
대정(隊正) 식영(式英)이 제4도요, 호정(戸正) 성윤(成允)과
한기(漢器)가 함께 제1도요, 수장보(繡帳寶) 염부녀(廉富女)
등이 재1도요, 관사(官吏) 원도(元道)와 홍한(洪閑)이 함께 제
1도요, 상유사(桑由師)와 득현(得賢)이 함께 제1도요, 김흔(金
昕)과 영순(英純)이 함께 재 1도요, 계인(戒人), 애아소(哀阿
召), 애내(哀內), 김부다지(金富夛支), 김조오(金助烏)가 함께
제1도요, 보사사(普沙寺), 충사(忠寺)에서 함께 제 1도요, 덕
적노(德積奴)가 1시(時) 재요, 신달남(新達男)이 1시 재요, 삼
효남(三孝男)은 1시 재요, 경칭장로(京稱長老), 은술(殷述), 능
광(能光), 김한다지(金漢夛支), 부조오(富助烏), 함부(含富) 등
이 제 1도와 술 2향이요, 지백(知白), 영순(英純), 호정(戸正),

성윤(成允)등이 각각 떡 1합이요, 부호장 현질(賢質)이 술 1향과 떡 1합이요, 윤효(允孝)와 신달(神達)이 함께 술 1향이요, 호장(戶長) 신언(神彦)이 술 2향이요, 집화사주인(什火寺主人) 현경(賢京), 옥만사주(玉萬寺主) 원경(元京), 양악사주(陽岳寺主) 지황(智黃) 등이 각각 차, 술, 나무, 구이요, 이언남(李言男)이 술 1향이요, 악인(樂人) 식장(式長) 등 열다섯 사람이 차, 술, 나물, 구이요,

길봉나(吉奉男)과 애호대랑(哀好大娘)이 함께 떡 1합이요, 조오(助烏) 파명(巴明), 효덕(孝德), 영금(英金), 명오(明烏), 금파(金巴)등이 함께 술 1향이요, 용덕녀(用德女) 등이 술 서말이요, 옥만사주(玉滿寺主) 영질(英質), 부정(副正), 처충(處充)이 함께 술 3향이요, 대내의랑(大內義郞)이 배 서른 자이다.

이와 같이 자원해 놓은 일이 있다

골회사(骨廻寺) 원주(院主) 중 혜원(惠元)과 본관이 선주(善州)인 복광(福光)

사(史) 2인과 본관이 약목군인 진행사미(眞行沙彌)와 본관이 선주(善州)인 성밀사미(成密沙彌)

장지현(長只縣)의 금도승(金徒僧) 묘효(妙孝)의 같은 군(郡)의 철장(鐵匠) 회문(會文)

20세의 동량(棟梁)승 법광(法光)에게 풍경을 주었다.

고구려방언 가자(『동국여지승람』의 옛 고을 이름을 인용함)

율목동사힐(栗木冬斯肹. 고구려 때 과천군(果川郡)의 이름이다. 즉 밤나무에 기생하였으니, 지금 기생(寄生)을 속어로 '겨울살이'라고 한다. 대개 이 고을에는 밤나무가 많고, 이를 생산해 기생하였기 때문에 고을 이름으로 삼았다. 나중에 과천으로 고친 것 또한 밤을 생산하였기 때문이다.),

갑비고차(甲比古次) 혹은 혈구(穴口)라고 한다. 고구려 강화군(江華郡)의 이름이다.

차(次)는 공(孔. 구멍)의 의미이고, 파의(巴衣)는 바위(巖)의 의미이며, 갑비고(甲比古)는 곧 갑옷을 꿰뚫는다는 의미이다.

주부토(主夫吐. 고구려때 부평군(富平郡)의 이름. 신라 때 장제군(長堤郡)으로 고쳤다.)

내토(奈土. 고구려 때 제천군(堤川郡)의 이름. 신라 때 내제(奈堤) 또는 칠원(漆原)이라고 고쳤으며, 옛날 이름은 칠토(漆吐)였다. 나중에 칠제(漆提)와 같은 종류로 고쳤다.

토(吐)는 제방(堤)의 의미이다.

미추홀(彌鄒忽) 혹은 買召忽(매소홀. 고구려때 인천군(仁川郡)의 이름)

해미홀(海未忽. 고구려 때 해주군(海州郡)의 이름)

동홀(冬忽) 혹은 동울(冬鬱. 고구려때 황주군(黃州郡)의 이름)

홀(忽)과 울(鬱)은 성(城)의 의미이다.

백제방언 가자

하남위례(河南慰禮)는 울타리로 에워싼 성책(城柵)의 의미이니, 즉 고구려의 홀(忽)과 울(鬱)과 같다.

모량부리(毛良夫里. 백제때 고창군(高敞郡) ·

말동부리(末冬夫里. 백체때 남평군(南平郡) ·

죽수부리(竹樹夫里. 백제때 능성군(綾城郡) ·

소부리(所夫里. 백제때 부여군(扶餘郡) ·

고량부리(古良夫里. 백제때 청양군(靑陽郡) ·

고사부리(古沙夫里. 백제때 고부군(古阜郡).

부리(夫里)는 산악(山岳) 혹은 산모퉁이(山角)의 의미이니, 예컨대 신라 군명(郡名)의 화(火) 혹은 벌(伐)과 같다.

울산(蔚山)은 굴아화(屈阿火), 언양(彦陽)은 거지화(居知火),

밀양(密陽)은 추화(推火), 대구(大丘)를 달구화(達勾火), 인동(仁同)을 사동화(斯同火), 창녕(昌寧)을 비자화(比自火), 경주(慶州)를 서야벌(徐耶伐)이라고 하는 것과 같다.

대개 화(火)는 이내 불(弗)로 바뀌었고, 불(弗)은 이내 벌(伐)로 바뀌었다. 무릇 화(火)·불(弗)·벌(伐)은 지금의 넓은 들판을 이르는 평야와 같다.

(2) 이두(吏頭)

최만리가 상소하여 아뢰기를 "신라 설총의 이두는 비록 비루한 이언(俚言)이오나, 모두 중국에서 통행하는 글자를 빌어서 어조(語助)에 사용하였습니다. 문자와 원래 서로 분리되지 아니하므로, 비록 서리(胥吏)나 복례(僕隷)의 무리에 이르기까지 반드시 익히려고 하면, 먼저 몇 가지 책을 읽고 대강 문자를 알게 된 다음에야 이두를 사용하게 됩니다."라고 하였다.

정인지는『훈민정음』「서문」에서 이르기를 "옛날에 신라 설총이 비로소 이두를 만들었는데 관부와 민간에서 지금까지 행해지고 있으나 모두 글자를 빌려서 썼다."고 하였다. 지금『유서필지(儒胥必知)』가 있는데 기록에 이두가 나오는데 참고하도록 하겠다.

[한 글자] 節 이번, 以 으로, 並 나란히

[두 글자] 進賜 나으리, 白是 사룀, 向前 앞서, 矣身 제몸(저), 矣
徒 우리들, 白等 사뢰건대, 白齋 −사옵니다, 段置 −것도,
上下 치르다, 捧上 받아드리다, 尺文 영수증, 白活 발괄(하
소연하는 말이나 글), 拷音 다침, 題音 제사(題辭), 適音 마
침, 流音 흘림, 擬只 비기다, 役只 겪지(치르기), 惟只 오직,
的只 정확하다, 耳亦 뿐이다, 退伊 무르다, 追于 쫓아서, 卜
役 부역과 병역 별호 벼름, 別乎 벼름, 不冬 아니하다, 불득
못하다, 不得 못하다, 除良 덜어, 더러, 及良 미쳐, 乙良 을
랑, 這這 갖가지, 流伊 흘러, 必于 비록, 爲沙 하여야만, 是
沙 이야, 乙沙 −이라야, 作紙 질지, 爲齋 −한다, 時遣 −이
고, 爲在 −한 것, 是置 −이어도, 爲尒 −하며, 是如 −이야,
爲昆 −하므로, 是喩 −인지, 良中 −에서, 亦中 −에게, 氣
矣 그사람의, 是乃 −이나, 戈只 −에서, 先可 아직, 弁只 모
두, 易亦 쉽게, 便亦 문득, 在亦 −것이므로, 有亦 있으므로,
無亦 없으므로, 岐如 갈려, 絃如 잇따라, 貓如 같이, 惠伊 널
리, 加于 더욱, 仍于 말미암아, 粗也 겨우, 茂火 더불어, 進
叱 나아가, 向立 생각이 서서, 不唯 아니라, 幢爲 당하여, 樣

以 양으로, 導良 따라서, 右良 이와 같이, 更良 다시, 黃於 하물며, 新反 새로에(커녕), 專亦 전혀, 最只 가장, 敎是 ―하신, 他矣 남의, 帖字 체자, 件記 발기, 初如 처음에, 舍音 마름, 卜定 부담시키다, 如叱 비로소, 作文 질문(관청의 문서), 斟酌 짐작, 爲乎 ―하온(한), 弁囚 함께 가두는 것, 尤于 더욱, 敎矣 ―이옵시되, 爲所 ―한 바, 爲喻 ―한 것, 敎事 ―이옵신 일, 下手 ―하수, 착수하여, 向事 한일, 할 일

[세 글자] '白'자는 옛날에 '을'이라 일컬었다. 爲去乎 하므로, 是如乎 이라고하는, 爲白齋 ―하옵심, 是在果 ―이거니오, 爲乎於 ―하오며, 是量置 ―이라도, 爲白遣 ―하옵고, 是白昆 ―이오므로, 爲乎所 ―하온바, 是去乙 ―이거늘, 爲有置 ―하여있다, 是白置 ―이옵니다, 是良結 ―고자, 是量沙 ―이어야, 爲去等 ―하거든, 是乎喻 ―이온지, 爲乎味 ―하은 뜻, 是量尒 ―인만큼, 爲量結 ―하고자, 有乎事 있는 일, 無乎事 없는 일, 爲只爲 하도록, 敎是事 ―이신일, 爲去乃 ―하거나, 是乎矣 ―이오니, 乙良良 ―으로써, 臥乎事 ―(하)는 일, 知不得 알지못한다, 是亦在 ―이라는, 使內白 시키옵―, 爲等良 통틀어, 矣徒等 우리네들, 良中沙 ―에야, 其等徒 그네들, 爲去乙 ―하거늘, 爲白置 ―하옵니다, 爲白等 ―하옵거든, 典當以 전당으로, 爲臥乎 ―하는, 爲是遣 ―하

였고, 爲護矣 —하오되, 爲白昆 —하오므로, 乙仍于 —으로 말미암아, 爲巴只 —하도록, 爲良置 —하여도, 爲白乎 —하온, 無不冬 없지아니하다, 是乎味 —인뜻, 除除良 더러는, 矣身亦 내가, 秩秩以 갖가지로, 爲白良 —하사와

[네 글자] 爲白去乙 —하옵거늘, 爲白良沙 —하옵셔야만, 爲有去乙 하였거늘, 是白去乃 —이옵거나, 爲有如乎 —하였다고 하므로, 是白乎乃 —이사오나, 爲白如乎 —하옵다고 하는, 是白有齋 —이었사옵니다, 爲白在果 —하옵거니와, 爲白乎事 —하옵신일, 爲白乎旀 —하사오며, 是白良置 —이사와도, 爲白乎所 —하사온바, 是白去乙 —이옵거늘, 爲白有置 —하였사옵니다, 爲白良結 —하옵고자, 爲白有昆 —하였사오므로, 是白良沙 —이사와야, 爲白去等 —하옵거든, 爲白乎喻 —하사온지, 爲白乎矣 —하사오자, 爲白乎味 —이신뜻, 爲白如可 —하옵다가, 使內乎事 시키온 일, 是白有亦 —이었사오므로, 是白良尒 —이은 만큼, 教味白齋 —이옵신뜻으로 아룁니다, 爲白內等 —하옵신줄, 爲白如教 —하옵다고 하옵시는, 爲白良置 —하사와도, 爲白良喻 —하사온지, 是白如中 —이온때에, 爲白有亦 —하였사오므로, 矣身耳亦 나뿐, 物物白活 갖추갖추발괄, 爲乎乙所 —하올바, 望白良尒 바라옵는 만큼, 分叱不喻 —뿐 아닌 것, 爲白良尒 —하사온 만큼,

寂只乎事 확실한 일, 爲白良以 ─하옵양으로, 是沙餘良 ─
아니마, 爲行如可 ─하였다가, 是白乎於 ─이사오며, 爲乎
良以 ─하온 양으로

[다섯 글자] 是白置有亦 ─이옵다고 하였어요, 望良白去乎 바라
옵기로, 爲白有如乎 ─하옵셨다는, 是白乎等以 ─이사온 줄
로, 爲白有在果 ─하옵셨거니와, 爲白有去乎 ─하왔사오므
로, 是去有等以 ─이것이었는 줄로, 爲白有去乙 ─하왔삽거
늘, 是白沙餘良 ─이사오나마, 敎是白去乙 ─이옵시거늘,
敎是白在果 ─이시옵거니와, 爲白臥乎事 ─하옵는 일, 是白
臥乎所 ─이옵느바, 矣身向爲良 ─나에게, 爲白沙餘良 ─
하옵나마, 爲白在如中 ─하옵건데, 爲白在而亦 ─하는 것이
지마는, 是白在亦中 ─이었사온 경우에, 爲白臥乎味 ─하옵
는 뜻, 爲白乎在亦 ─하사온 것이어요, 敎是在如中 ─이시
건대, 使內白如乎 ─시키셨다는, 是去是良矣 ─이니만큼, 爲
去等易亦 ─하기만 하면 쉽게, 是隱去向入 ─인가 생각되어

[여섯 글자] 爲有置有等以 ─하였기도 한줄로, 爲白有如乎事 ─
하옵셨다는 일, 敎是臥乎在亦 ─이옵시는 것이어요, 爲白乎
弟亦中 ─하사온 경우에, 是去是乎等以 ─이것이 온줄로

[일곱 글자] 望良白內臥乎事 바롭는 일, 爲臥乎等以用良 一하는 줄로써, 貌如使內良如教 一래로 하라고 하옵신, 岐等如使內如乎 번갈 바꿔쓰는.

대개 이토(吏吐. 즉 이두를 이른다)는 신하가 임금에게 고하고, 비천한 사람이 존귀한 사람에게 고하는 경우 모두 '백(白)'자를 더하거나 '교시(教是)' 등의 말을 사용하였다. '시(是)'자나 '위(爲)'자는 문맥에 따라 바꾸어 사용하는 것이 좋다. 또 간혹 두 어구(語類)의 이두를 합쳐 한 어구로 만들어도 무방하다. 사용되고 있는 이두를 위에 열거하였다.

이상은 『유서필지』의 「이두휘편(吏頭彙編)」이다.

(3) 구결석의(口訣釋義)

신라 설총이 또 방언으로 구경(九經)을 풀이하였다. 이른바 경서의 구결석의(口訣釋義. 지금 세속에서 이르는 토(吐)이다.)는 그 후 고려 말에 이르러 정몽주·권근이 그것을 이어받아 완성하였다. 조선 초에 이르러 세종대왕이 유신들에게 명하여 또 참정하게 하셨다.

살피건데 박세채(朴世采)가 말하기를, "경서의 구결석의는 중국 조정에는 있지 않았다. 처음 설총에게서 나와 정몽주·권근에 이르러 완성되었다."고 하였다. 또『조야첨재(朝野僉載)』에 이르기를, "주상(세종을 이름)께서 일찍이 동방의 학자들이 어음(語音)이 바르지 못하고, 구두(句讀)가 분명하지 못한 것을 걱정하셨다. 비록 정몽주와 권근의 구결이 있으나 잘못된 것이 아직도 많다. 부패한 유학자나 속된 선비가 틀리게 전달하여 잘못 전승되었다. 드디어 원로이며 학식이 높은 선비인 정인지·신숙주·구종직(丘從直)·김예몽(金禮蒙), 한계희(韓繼禧)·최항·서거정(徐居正) 등에게 명하여 사서오경(四書五經)을 나누어주고, 옛 것을 참고하고 지금의 것을 증험하여 구결(口訣)을 참정하게 하시고, 주상께서 친히 재가하셨다."고 하였다. 구결의 연혁은 다음과 같다.

초기 온전히 한자로 된 구결(全字口訣)

　　　(예) 애 은 면 의 시라 위고 호니 어비

후기 획을 줄인 구결(減筆口訣)

　　　(예) 厂 阝 丁 厶 人 呂 亻 彐

현재 언문으로 된 구결(諺文口訣)

　　　(예) 애 온 면 의 이라 하고 호니 어늘

그러므로 구결을 이두와 비교하면 더욱 진일보하였으며, 언

문을 구결과 비교하면 또한 진일보하였다. 그렇지만 이두·구결·언문 세 가지가 세상에 함께 행해지다가 이태왕(李太王)의 갑오경장(甲午更張)때에야 비로소 관부의 문서에서 이두가 폐지되었고, 언문과 한자를 섞어 사용해 글을 썼다. 현재는 저서 및 역서 모두 언문을 사용하여 구결(吐)을 대신하고 있다.

(4) 가자(假字) 대조

도라이 류조씨가 단어를 인용하여 일본과 조선의 방언이 서로 유사함을 증명하였다. 그러므로 나 또한 신대(神代) 혹은 고대(古代)의 방언을 인용하였으나, 다만 이 단락은 조선어 위주로 연구하였다. 그러므로 조언서를 앞에 두고 일본어를 뒤에 두었으니, 독자는 양해 바란다.

※조선 방언 가자

儉(검) : 王儉은 크다는 뜻. 환검:(桓儉) 桓은 음이 서로 유사하며,

韓은 크다는 뜻이다. 예컨대 大田을 한밭이라고 하는 것과 같다.

君 : 尼斯수 혹은 尼金, 수은 儉과 유사하다.

熊(곰)『고기(古記)』에 이르기를, 신과 곰이 남녀로 변하여 왕검(王儉)을 낳았다고 한다. 굼은 검과 발 음이 서로 유사하

다. 羅良: 나라(國)의 뜻. '나라'라고 읽는다.

신라 월명사(月明寺)의 도솔가(兜率歌)에

"彌勒座主陪立羅良"라고 하였다. 이것은 미륵좌주를 모신

나라(현대역은 '미륵좌주를 모셔라' 이다.)를 말한다. 혹은 羅

良는 아래로 내려온다는 뜻이라고 하는데, 나라의 의미만큼

원만하지는 않다.

良邑: 신라 방언의 라도(羅都)를 이른다.

(일본 방언 가자) 神: 카미(カミ). 大神: 大(オオ)와 왕(オウ)

은 음이 서로 비슷하다. 君: 키미(キミ). 熊: 쿠마(クマ). 奈良:

고대 국가의 도읍을 일컫는다. 만약 조선어와 비교한다면 신

라 때 나라를 칭할 때 나라(羅良)라 하는 것처럼, 또 동경(東

京)을 칭할 때 서벌(徐伐)이라고 하거나 서야벌(徐耶伐)이라

고 했는데, 지금 서울(徐蔚)로 변했다. 三巴: 태극형(太極形)

을 'トモエ(ト)'라고 한다.

조선진서(朝鮮眞書) 한문(漢文)의 명칭.

　　(예) '사람'을 '人'이라고 한다.

일본마나(일본진명) 한문의 명칭

　　(예) 'ヒト(사람)'를 '比登'이라고 한다.

조선 가자　末樓下(말루하): 귀인을 일컫는다. 예컨대 대감

말루하(大監末樓下)는 곧 각하(閣下)를 이르나, 사실
은 귀부인을 일컫는 말로 예컨대 부인 말루하(婦人末
樓下)와 같은 것이다.

南飛: 냄비. 㔾非(갈비). 者斤(작은).

일본가자 麿(マロ) 귀공자의 자칭. 奈遍: 냄비

  기타 만요가나(萬葉假名) 등.

조선구결 阝 : 隱자의 편방(偏旁).   ヘ : 是자의 아래 획.

     ソ : 爲자의 윗부분.   厂 : 厓자의 윗부분.

     ㅅ :於자의 오른쪽 부분.   夕 : 多자의 윗부분.

     ヒ : 尼자의 아랫부분.

일본 가나(假名) ア : 阿자의 편방. イ : 伊자의 편방

     ウ : 宇자의 웃부분.   エ : 江자의 오른쪽 부분

     オ : 於자의 왼쪽부분.   タ : 多자의 윗부분

     ニ : 仁자의 오른쪽 부분.

조선 이두 은, 는 으로말미암아 한 일   분부를 내리신 일
           (段)   (乙仍于)   (向事)   (行下向敎是事)

일본 소로본(候文)

     은, 는 으로말마암아 한 일   분부를 내리신 일
     (段)   (候間)   (度候也) (御承知相成候也)

조선 가자: 훈(訓)을 빌린 글자, 음(音)을 빌린 글자

　　薪薪: 섭섭. 슬픈 것을 말한다. 이것은 훈(訓)을 취하여

　　뜻(義)을 이룬 것이다. 畓畓: 답답. 답답한 것을 말한다.

　　이것은 음을 취하여 뜻을 이룬 것이다.

　일본 아테지(宛字): 번역하면 아테지(當處字)이다.

　　아쉬운 모양(殘念)　답답(齒搔) 등

　이로 미루어 살펴보면 일본과 조선이 모두 고유 문자를 잃어버렸다. 그것이 무슨 말인가? 일본은 신대문자(神代文字: 일본은 신대의 문자가 있었다.)가 없어졌고, 조선은 단대문자(檀代文字)가 없어졌다. 한문의 내침(來侵)을 받아 어음(語音)이 경화되었으므로 방언과 조화시키려고 여러 번 변화하고 진화하였다.

　일본은 방언으로부터 시작하여 마나(眞名), 만요가나(萬葉假名), 히라가나(平假名), 가타카나(片假名)에서 마침내 소로분(候文) 및 아테지(宛字)에 이르러 그쳤다. 조선은 방언으로부터 시작하여 진서(眞書), 이두, 구결을 거쳐 마침내 언문에 이르러 그쳤다. 모두 한자를 빌려서(假借) 썼고 그 진화의 규모와 순서 또한 꾀하지 않았지만 같았다.

6. 한글의 연원(淵源)

(1) 세종께서 창조하시다

어제 훈민정음(御製訓民正音) 서문.　　　예조판서 정인지

천지자연의 소리가 있으면 반드시 천지자연의 글이 있다. 그러므로 옛사람이 소리에 따라 글자를 만들어서 만물의 뜻을 통하고 삼재(三才)의 도(道)를 실으니, 후세 사람들이 바꿀 수가 없다. 그러나 사방의 풍토가 구별되니, 성기(聲氣) 또한 이에 따라 다르다. 대개 중국 이외의 나라 말은 그 소리는 있어도 글자는 없는지라, 중국의 글자를 빌려서 통용(通用)하였다. 이는 모난 장부를 둥근 무멍에 끼우는 것처럼 서로 어긋나는 것이니, 어찌 통하여 막힘이 없겠는가? 요컨대 모든 것이 다 그 처해 있는 곳에 따라서 편하게 할 것이지 억지로 같게 할 수는 없는 것이다.

우리나라는 예악과 문물이 중국에 견줄 만 하지만 방언(우

리나라 말)과 세속의 말은 중국과 같지 않다. 그래서 글을 배우는 사람은 그 뜻을 깨우치기가 어렵다고 걱정하고, 감옥을 다스리는 사람은 자세한 사정을 알기 어렵다고 걱정하였다. 옛날 신라의 설총이 처음으로 이두를 만들어서 관청과 민간에서 지금까지 이를 사용해 왔다. 그러나 이두(吏頭)는 모두 한자를 빌려 사용했기 때문에 어떤 것은 껄끄럽고 어떤 것은 통하지 않는다. 다만 비루 하고 근거가 없을 뿐만 아니라 언어 사이에 만분의 일도 통할 수가 없었다.

계해년(1443) 겨울, 우리 전하께서 정음(正音) 28자를 만드시고, 간략하게 「예의(例義)」를 들어 보이시고 「훈민정음」이라 하셨다. 모양을 본떠서 글자를 만들되 글자는 옛 전자(篆字)를 모방하였으며, 말소리를 따랐으되 소리는 칠조(七條(七音)에 들어맞고, 삼재의 뜻과 음양이 묘함을 포괄하지 않은 것이 없었다. 스물여덟 글자를 가지면 전환이 무궁해서 간략하면서도 요긴하고, 정밀하면서도 막히는 데가 없었다. 그러므로 슬기로운 사람은 아침나절이 되기 전에 깨우치고, 어리석은 사람이라도 열흘이면 배울 수가 있었다.

이 글자로써(한문으로 된) 글을 풀이하면 그 뜻을 알 수 있고, 이 글자로써 송사(訟事)를 들으면 그 사정을 알 수 있다.

한자 운(韻)의 청탁(淸濁)을 가릴 수 있고, 음악에 있어서는 율려(律呂)가 고르게 되므로, 쓰고 싶은 말을 표현하지 못할 것이 없고, 어디를 가더라도 통하지 않는 곳이 없다. 비록 바람소리, 학 울음소리, 닭 우는 소리, 개 짖는 소리라 하더라도 모두 적을 수 있다.

마침내 신 들에게 자세히 해석을 해서 여러 사람들을 깨우치게 하라고 명하셨는데, 보는 사람이면 누구나 스승 없이도 스스로 깨우치게 하였다. 그 연원과 정밀한 뜻의 미묘함에 있어서는 신 등이 들어 낼 수 없다. 공손히 생각하옵건대 우리 전하께서는 하늘이 내린 성인으로서 제도를 만들고 정치를 베풂이 모든 임금을 뛰어넘으셨다. 정음(正音)을 만드신 것은 앞선 사람이 서술한 것이 없이 자연적으로 이루어낸 것이니, 참으로 그 지극한 이치가 있지 않은 데가 없으며 사람이 사사로이 이룬 것이 아니로다. 대저 동방에 나라가 있는 지 오래되지 않은 바가 아니지만 만물의 이치를 깨달아 모든 일을 이루는 큰 지혜는 대개 오늘을 기다리고 있었던 것이 아닌가 한다.

상현을 말하였다.

"정인지는 언문을 창조한 일의 미덕을 임금에게 돌렸다. 그렇더라도 무릇 문물은 오래되면 변하고 변하면 통한다. 이것이 진화의 원칙이다. 단언하건데 이어(俚語. 최만리의 상소 아래에 보인다), 속어(俗語. 신숙주의 서문 아래에 보인다.), 몽골자 등은 언문을 만드는 기초가 되었고, 고전(古篆)·범자(梵字) 등은 글자를 만드는 모형이 되었으며, 한문의 자모는 발음의 표준이 되었다."

(2) 민간의 상말(委巷俚語)

최만리가 상소하여 아뢰었다.

"예전에는 이두가 비록 문자 밖의 것이 아닐지라도 유식한 사람은 오히려 이를 비루하게 여겨 이문(俚文)으로 바꾸려고 생각하였는데, 하물며 언문은 문자와 조금도 관련됨이 없고 오로지 민간의 상말을 쓴 것이 아닙니까. 가령 언문이 전조(前朝)때부터 있었다 하더라도 오늘의 문명한 정치를 변로지도(變魯至道)하려는 뜻이라면 오히려 그대로 물려받을 수 있겠습니까. 반드시 고쳐 새롭게 하자고 의논하는 자가 있을 것이오니 이는 환하게 알 수 있는 이치이옵니다."

(3) 동방의 속문(俗文)

「훈민정음도해 서(訓民正音圖解 敍) (순주(淳州) 신경준(申景濬)의 (字) 순민(舜民)이 찬함)」에서 말하였다.

"동방에는 옛날 세속에서 사용하는 문자가 있었으나, 그 수가 갖추어지지 않았고, 그 형태도 규범이 없어 어떤 말을 형용하거나 어떤 용처에 사용하기에는 부족하였다. 정통(正統) 병인년에 우리 세종대왕이 훈민정음을 창제하셨다. 그 (음을 표시하는) 예는 반절(反切)의 방법을 취하고, 그 모양은 교역(交易. 오행과 결부시켜 만든 초성, 즉 자음의 원리)과 변역(變易)(음양의 대립원리로 만든 중성 즉 모음의 원리), 그리고 한 획을 더하는 방법을 썼다. 그래서 그 문자의 점과 획이 매우 간단하며, 청탁(초성, 즉 자음)과 개구(開口)와 합구(合口. 중성 즉 모음), 초성·중성·종성의 음이 확실하게 갖추어져 마치 하나의 그림자 같았다.

그 글자가 많지 않지만 그 쓰임은 두루 미쳐서 글을 쓰기에 매우 편리하고 배우기에도 대단히 쉽다. 천 마리 말과 만 마디 언어를 섬세하게 모두 형용할 수 있어 비록 아녀자와 어린아이라도 모두 이를 사용하여 말과 뜻을 통할 수 있다. 이것은 옛날 성인이 미처 연구해 얻지 못한 것이니, 천하를 통하여 없는 것이다.

여러 나라에서 각기 사용하는 문자가 있었으나, 고려 충숙왕(忠肅王)때 원나라 공주가 사용했던 위구르(畏吾兒)문자가 어떠했는지 알지 못한다. 구상서(九象胥)의 「여오(旅獒)」의 글을 살펴보면 모두 거칠고 난삽하여 법식이 없음을 면치 못하니, 정음(正音)은 우리나라 한 곳에만 은혜롭지 않고 천하의 성음(聲音)의 큰 법전(大典)이 될 수 있다.

그러나 성인이 제작한 뜻이 지극히 은미하고 심오하므로, 당시의 유신(儒臣)이 다 이해하지 못해서 후세 백성들이 일상에서 사용하는데 알지 못하는 것이 있었다. 성음의 도가 이미 밝았으나 점차 다시 어두워졌으니, 미천한 신하가 어찌 감히 심오한 이치의 만의 하나인들 알겠는가? 대롱으로 하늘을 보고 표주박으로 바닷물을 헤아리는 작은 식견으로 이『도해(圖解)』를 만들어 선정을 베푼 전왕(前王)을 잊지 못하는 어희불망(於戲不忘)의 뜻을 붙일 따름이다."

(4) 위구르문(畏吾兒文)

『고려사』를 살펴보면, 고려 충렬왕 이후 세상은 원(元)나라 공주를 숭상하였다. 원 공주는 위구르문을 사용하였는데, 이내 궁중의 용어가 되었다고 한다. 조선시대에 이르러서도 궁중에는 아직 그 말이 남아 있었다. 곧 임금님이 드시는 음식을 수라(水刺)라고 부르고, 또 황색 옷을 입고 초립(草笠)을 쓴 궁궐의 악수(御用樂手)를 원내취(元內吹)라고 한 것이 그와 같은 것이다.

또한 취라치(吹羅赤) 혹은 조라치(卒花赤)라고도 했는데 치(赤)는 아하치(兒哈赤) 혹은 합치(花赤)의 류와 누르하치(奴兒哈赤)는 모두 몽골어이다. 또 나라에 몽역(蒙譯. 몽고어를 익힌 역관)을 두고 교제하였다. 신숙주는 몽골어를 잘해서 명을 받들고 언문을 제작하였다. 대략 몽골어의 세력이 조선에 이르러서도 여전히 쇠퇴하지 않았다는 것을 상상할 수 있다.

『지나강역연혁고(支那疆域沿革考)』를 살펴보면, 원나라의 선조는 몽골이다. 곧 달단(韃靼. 타타르)의 한 부족이다. 또 『동양대역사(東洋大歷史)』를 살펴보면, 몽골의 시조는 인도(오환(烏桓)을 이른다) 로부터 나왔다. 그 후 원 세조(기악온 홀필렬(奇握溫忽必烈)가 위구르를 경유하여 서쪽을 정벌한 지 7년만에 서역을 다 평정하고 전대(前代)의 지명을 몽골어로 바꾸었다. (회골(回鶻)의 명칭을 고쳐서 위구르(畏吾兒), 예마합목(隸馬哈木)으로 하였다.)

또『조선세종실록(朝鮮世宗實錄)』에서 말하였다.

"9년(1427) 정미년 여름 4월 임술(4일)에 예조에서 아뢰기를, '회회교도(回回敎徒)가 의관(衣冠)이 다르니, 사람들이 모두 그것을 보고 우리 백성이 아니라고 여겨 혼인하기를 수치스러워 합니다. 이미 우리나라 백성이 되었으므로 마땅히 우리나라의 의관을 쫓게 하여 다르지 않게 한다면 자연스럽게 혼인할 것입니다. 또한 회회교도가 대조회에서 기도(祈禱)하는 의식도 폐지하게 하십시오.' 하였다. 임금이 이에 따랐다."

대개 회회는 지금의 중국 신강(新疆) 남산의 회부(回部)이다. 옛날에는 회골(Uigur. 위구르)이라고 하고 회홀(回忽)이라고도 하였다. 원조(元朝)에 이르러 외올아(畏兀兒)라 고쳐 일컬었다. 그러므로 원 공주가 사용하였던 위그르어(畏吾兒語)는 회회어(回回語)로 달단어족(韃靼語族) 계통에 속하는 것으로 사료된다.

회회교도는 원나라로 부터 고려로 이주해 와서 대대로 살면서 부락을 이루었다. 조선에 이르러서도 의관을 고치지 않고 그 종교 역시 바뀌지 않았다. (예궁(禮宮)이라고 하는 것은 아마도 회회교(回回敎)의 예배당인 듯하며,) 대조회에서 기도하는 의식은 아마도 회회교도(回回敎徒)가 예배하는 의식을 말하는 듯하다. 대개 몽골 세조 홀필렬(忽必烈)이 인도와 서장(西藏)을 정복하고 라마교(喇嘛敎)를 숭배하여 파스파(發思巴)를 제사(帝師)로 삼았다. 그래서 당시 인도의 회회교 또한 몽골사람들에게 빠르게 전해졌다.

(5) 고금운회(古今韻會)

세종 갑자년에 여러 유신들이 임금의 명을 받들고 의사청(議事廳)에 가서 언문으로 『운회(韻會)』를 번역하였다. 또 신숙주가 찬한 「홍무정운역훈」에 "『몽골운략(蒙古韻略)』과 황공소(黃公紹)의 『운호(韻會)』(『운회』는 『몽골운략』에 의거하여 만든 것이다. 최세진의 『사성통해』에 보인다.)도 입성(入聲)에는 역시 종성(終聲)을 쓰지 않았으니, 어찌된 일인가? 라는 말이 있다.

방편자(方便子) 유희(柳僖)가 말하기를, "언문은 비록 몽골에서 창조되었으나 우리나라에서 완성되었다."라고 하였으며, 또 말하기를 "세종대왕이 사신(詞臣)에게 명하여 몽골 문자의 모양을 본뜨고 명나라 학사(學士) 황찬(黃瓚)에게 질문하여 훈민정음을 만드셨다."고 하였다.

이익(李瀷)은 『성호사설(星湖僿說)』에서 이렇게 말하였다. "우리나라의 언문 글자는 세종 병인년에 창제되었다. 무릇 소리를 글자로 형용하지 못할 것이 없었다. 사람들이 '창힐(倉頡)과 주문(籀文) 이후 처음 있는 일이다'라고 하였다. 원 세조 때 파스파(巴思八)가 불씨(佛氏)의 유교(遺敎)를 얻어 몽골 문자를 만들었는데, 평·상·거·입 사성의 음운(音韻)으로

순음 · 설음 · 후음 · 치음 · 아음 · 반순음 · 반치음 등 칠음의 운모 글자로 나누었으니, 무릇 소리가 있는 것은 하나도 빠뜨림이 없었다.

무릇 중국의 문자는 형상을 위주로 하기 때문에 사람이 손으로 전하고 눈으로 볼 수 있는데, 몽골 문자는 소리를 위주로 하기 때문에 입으로 전하고 귀로 듣는다. 그러나 그 형상이 전혀 없다면 또한 어떻게 전하여 민멸(泯滅)되지 않겠는가? 이제 그 자세한 내용을 얻어 볼 수가 없다.

만약 그 규례를 미루어 문자를 만들었더라면 천하 후세에까지 통용되어 우리나라의 언문과 같은 과정이 있었을 것이다. 생각하건대 명나라 초에는 반드시 그 법규가 남아 있었을 것이다.

우리나라에서 처음 언문을 제작할 때 궁중 안에 관청을 설치하고 정인지 · 성삼문 · 신숙주 등에게 명하여 찬정(撰定)하게 하였다. 그때 명나라의 학사(學士) 황찬(黃瓚)이 죄를 지어 요동으로 귀양 왔는데, 성삼문 등으로 하여금 찾아가 질문하게 하였다. 무릇 13번을 왕복하였다고 한다. 그러나 추측해 보건대 지금의 언문이 중국 문자와 판이하게 다른데 황찬과 무슨 관련 있었겠는가? 이때는 원나라가 멸망한 지 겨우 79년이 지났을 뿐이므로, 몽골의 문자가 반드시 남아 있었을 것이다. 황찬이 우리에게 전해 주었다는 것은 아마도 이것을 제외하면 다른 것은 없었을 것이다.

살펴보면 고려 충렬왕 때 공주가 총애를 투기하여 위구르문 자로 편지를 써서 원나라에 전달했다고 하는데, 이는 남들이 알까 두려워했기 때문이다. 『고려사』에 이르기를 '회골(回鶻) 의 글'이라고 하였다. 우신행(于愼行)은 '송(宋) 가정(嘉定) 3 년에 위구르국이 몽골에게 항복하니, 당나라의 고창(高昌) 땅 이다'라고 하였다. 그가 살았던 감주(甘州)는 곧 서역의 나라 이름으로 불교를 신봉하였다. 파스파가 전한 바에 따르면 이 미 '불교는 원나라 시대에 통행하였다'고 했으니, 공주가 사 용한 문자가 이것이 아니면 무엇이겠는가? 그러므로 지금의 언문자와 형태만 달랐을 뿐 의미는 같았을 것이다.

무릇 중국의 문자는 소리는 있으나 문자로 형용할 수 없는 것이 절반이 넘는다. 무릇 언문은 입술과 혀와 목과 이를 여닫 아 맑고 탁한 음성이 입 모양에 따라 소리가 다른데, 어떤 까 닭으로 이를 형용하는 문자가 있거나 없는가? 지금의 언문에 반절(反切)이 무릇 14모음이며, 모음은 있으나 절(切)이 없는 것 또한 네 가지(四條)이니, 세속에서 입성(入聲)이라고 하는 것이다. 혀를 윗 잇몸에 붙이는 한 가지 소리는 우리나라 또한 문자가 없다. 침(侵)·담(覃)·염(鹽)·함(咸)의 네 운(韻)은 진(眞)·문(文)등과 절(切)이 동일하다.

우리나라에서 입성(入聲)이라 하는 것은 중국에는 없고, 아(兒)·이(二) 두 글자만 있다. 소(蕭)·효(爻)·우(尤)의 세 운(韻)은 모두 한 자에 두 음이 있는데, 이것은 알 수 없다. 생각하건데 5호(五胡) 이후 원위(元魏)를 지나면서 중국의 음이 북방의 음으로 모두 변하여 그런 것이 아니겠는가? 우리나라의 습속에 서쪽 변방에 탁한 소리가 많은데, 도성 가운데 반촌(伴村) 또한 그렇다. 북도의 백성이 제주(濟州)로 이주했기 때문에 그 음이 북도와 서로 비슷한데 증거로 삼을 만 하다.

서역의 문자는 음이 갖추어지지 않은 것이 없으나 옥(屋)·옥(沃) 이하 입성 17운 이외에 아마 별다른 음이 없을 것이니, 황찬에게서 얻은 것이 이와 같은 류이다. 그렇다면 이것은 또 파스파가 끼친 뜻임을 또한 생각해 볼 수 있는데, 뒤에 나왔으나 더욱 공교하다고 할 수 있다. 그러나 그 문자의 형태가 전혀 의의(意義)가 없고 오직 한 점, 두 점으로써 분별하였으니, 한 점은 혀 끝(舌端)에서 나와 정음(正音)이 되고 두 점은 모두 혀의 오른쪽에서 나와 편음(偏音)이 된다. 그러나 그 범례를 지금 상고할 수 없다.

(6) 부(附) 몽골 문자의 내력

『원사(元史)』를 살펴보면, 몽골(지원(至元) 8년에 국호를 고쳐서 대원(大元)이라 하였다.)은 "세종 중통(中統) 원년(고려 원종(元宗) 원년(1260)에 황제의 스승 파스파에게 특별히 명을 내려 몽고 문자를 제작하게 하였다. 그 문자는 거의 천여 개 였고, 그 운모(韻母)는 무릇 41개였다. 그 뉴(紐. 聲母)와 서로 관련하여 글자를 이루는 것은 운과 관련된 법칙에 있는 것이고, 두 개나 세 개, 네 개를 합쳐 글자를 형성하는 것은 어운(語韻)의 법칙에 있는 것이니, 대체적인 요지는 해성(楷聲)을 종(宗)으로 삼는 것이다. 지원 6년에 천하에 반포하도록 명하였다. 간략하게 말하기를 '국가가 아직 문자를 제작하지 못하고 본조(本朝)의 말을 나타내기 위해 한(漢)나라 해서(楷書)및 위구르 문자를 사용하였다. 일대(一代)의 제도가 실제로 갖추어지지 않았다. 지금부터 황제의 조서로 반포해 내려 보내는 것은 몽골의 새로운 문자를 병용한다'"고 하였다.

또『석감계고략속집(釋鑑稽古略續集)』을 살펴보면, "지원 7년에 조서로 대원국(大元國)의 문자를 반포하였다. 황제의 스승 파스파가 단지 획을 운용하고 본떠서 작성하였는데, 황제의 명령대로 조정과 성(省)에 반포하여 시행하였다. 군현에서 그대로 쫓아서 사용하여 마침내 일대(一代)의 본보기(典章)가 되었다."고 하였다.

(7) 몽골문자 역시 범자(梵字)에서 나왔다

조함(趙崡)의 『석묵전화(石墨鐫華)』에서 말하였다.

"몽골의 자법(字法)은 모두 범천(梵天)과 가로(伽盧)가 변한 것이다. 불교의 진언(眞言)과 서로 유사하다."

살펴보건데 '가로'는 『거루서(佉樓書)』를 말하는데 역시 범서(梵書)이다. 『범어자전(字典)』에서는 '거루서'라고 하였고, 『현응음의(玄應音義)』 제17에서 현응은 "거로슬타(佉路瑟吒)는 북방 변두리에 살고 있는 사람의 글이라고 한다."고 하였다.

『백론소(百論疏)』 권상(卷上)의 뒷부분에서 "비바사(毗婆裟)가 '구비바라문(瞿毗婆羅門)이 범서(梵書)를 만들고, 거로선인(佉盧仙人)이 『거로서』를 만들고, 대바라문(大婆羅門)이 『피타론(皮陀論)』(즉 위타론(韋陀論)을 만들었다'고 하였다."고 하였다.

『불본행집경(佛本行集經)』 제11에서 "범천이 설한 글과 거로슬타(佉盧虱陀)의 글은 수(脩)에서 여순(驪脣)이라고 한다."
고 하였다.

『백론소』에 또 "외도들이 범왕(梵王)이 세상에 계실 때 72
자로 말씀하여 세간을 교화하셨는데, 이를 거루서(佉樓書)라
고 하였다.'고 하였다. 그러나 세간에서 공경하는 뜻이 점차
엷어지자 범왕은 탐욕과 아끼는 마음이 있어 거두어 들이고
삼켜 버렸다. 오직 아우(阿傴. 阿優) 두 글자만 입 양쪽 가장자
리에서 땅으로 떨어졌다. 세상 사람들이 이를 귀중하게 여기
고 글자의 왕으로 삼은 까닭에 우(傴)자(U)를 취하여 4위타(四
韋陀. 4베다)의 머리에 두었고, 아(阿. a)자를 광주경(廣主經)
의 처음에 두게 되었다."고 하였다.

7. 한글의 자법(字法)

(1) 한자 고전(古篆)을 모방하다

살펴보건대 『어제훈민정음(御製訓民正音)』의 정인지 서문에, "계해년(1445) 겨울, 우리 전하께서 정음 28자를 만드셔서 간략하게 「예의(例義)」를 들어 보이시고 훈민정음이라고 하셨다. 모양을 본떴으 되 글자는 고전을 모방하였다."고 하였다. 또 최만리의 상소에, "언문을 창제하신 것을 보고 듣기에 놀라움이 있습니다. 혹 언문은 '모두 옛 글자를 본뜬 것이고 새 글자가 아니다'고 말씀하시지만, 글자의 모양은 비록 옛날의 전문(篆文)을 본떴다 하더라도 음을 쓰고 글자를 합하는 것은 모두 옛 것과 반대인데, 실로 근거할 바가 없습니다."라고 하였다.

(2) 부(附) 고전(古篆)의 내력

중국의 역사를 살펴보면, 황제(黃帝)의 사관(史官) 창힐(蒼

頡. 혹은 창힐이 옛날의 왕이라고 하며 포희(包犧) 이전에 재임하였다고 한다. 혹은 염제(炎帝)의 세상에 재임하였다고 하며, 혹은 신농(神農)과 황제(黃帝) 사이에 재임하였다고 한다. 그러나 마땅히 황제의 사관이라고 하는 것이 믿을 만하다.)이 새와 짐승의 발자국을 보고 처음 서계(書契)를 만들었다. 대개 모양이 비슷한 것에 의거하여 사물의 형상을 본떴으므로 문(文. 예컨대 견(犬)·마(馬)·초(艸)·목(木) 등이 文이다.)이라고 했다.

그 후 형상과 소리를 서로 합쳐 곧 자(字. 예컨대 편방(偏旁)이 있는 모든 글자(字)로『설문해자(說文解字)의 서(敍)에 보인다.)라고 하였다. 그러나 포희(包犧)가 10언의 가르침(十言之敎)을 지었고 (정강성(鄭康成)의『육예론(六藝論)』에 보인다.) 팔괘(八卦)가 곧 고문(古文)이다.『역위건착도(易緯乾鑿度)』이것은 황제 이전의 일인데, 중국에 이미 문자가 있었다. 포희가 그린 팔괘는 파비륜(巴比倫. 바빌론)의 첨벽문(尖劈文)과 흡사하다.

바빌론의 전문(塼文)을 첨벽문이라 하며 설형문(楔形文)이라고도 한다. 서국(西國) 기원전 6000년, 바빌론에 전문이 있었는데, 무릇 책은 12부(部)이다. 그 나라의 고사(古史)를 기록한 것이다. 홍수(洪水)는 일신(一神)인 지수드로스

(Xisuthros)가 일으킨 것이라 한다. 홍수 이전에 십황(十皇)이 서로 계승하였는데, 무릇 43만 년이라 하였다. 이것은 중국 고대 십기(十記)의 설과 서로 부합된다. 근래에 서양사람 라쿠페리(Lacouperie)는 저서에서 포희씨의 팔괘는 곧 바빌론의 설형문이라고 말하였다. 지금 『역위건착도』의 팔괘를 풀면 바로 고문이 된다.

☰은 고문의 천(天)자이고,

☷은 고문의 지(地)자이고,

☴은 고문의 풍(風)자이고,

☶은 고문의 산(山)자이고,

☵고문의 수(水)자이고,

☲는 고문의 화(火)자이고,

☳은 고문의 뇌(雷)자이고,

☱고문의 택(澤)자 이다.

무릇 하늘·땅·산·연못·물·불·바람·우뢰 등의 사물은 모두 세간에 지극히 크고 지극히 평상적인 현상이다. 애초에 기호를 만들 때는 반드시 먼저 나오는 것이다. 간혹 포희씨와 바빌론은 아주 일찍 갈라지는데, 그 밖의 문자는 모두 아직 만들어지지 않았고 겨우 이 팔문(八文)이 있었을 뿐이다.

창힐이 만든 여러 문(文)은 또 옛날의 애급(애급. 이집트)의 상형(象形)글과 흡사하다. 두 종류의 문자는 확연히 서로 다르며 수천 년의 격차가 있는데, 그중 하나가 바뀌어 변한 것일까? 그 기원이 서로 영향을 끼치지는 않았을까? 현재 중국에서는 지리학이 아직 활발하지 않고 금석문(金石文)이 나오지 않아 알 수 없다. 중국의 문자를 고구(考究)할 수 있는 시대는 주(周)나라로부터 시작된다.

『주례(周禮)』에 "보씨(保氏)가 공경대부의 자제(國子)들을 가르칠 때 먼저 육서(六書)를 가지고 가르쳤다"고 한다. 첫 번째는 지사(指事)라고 한다. 지사는 보아서 알 수 있고 자세히 살피면 뜻을 알 수 있는 것으로, 상(上)·하(下)등의 글자가 이것이다.

두 번째는 상형(象形)이라고 한다. 상형은 사물을 그려서 이루어지고 형체에 따라 구불구불해지는 것으로, 일(日)·월(月)등의 글자가 이것이다.

세 번째는 형성(形聲)이라고 한다. 형성은 사물의 이름을 삼고(사물을 나타내는 글자로 '뜻'을 삼고) 비유를 취하여(음이 비슷한 글자로 '소리'를 삼아)서로 이루어진 것으로, 강(江)·하(河) 등의 글자가 이것이다.

네 번째는 회의(會意)라고 한다. 회의는 무리들(상형과 지사)을 배열하고(그것들의) 뜻을 합하여 가리키는 바를 알 수 있는 것으로, 무(武)·신(信)등의 글자가 이것이다.

다섯 번째는 전주(轉注)라고 한다. 전주는 같은 부류에 속하는 글자를 한 부수로 세우고 갈은 뜻을 서로 받는 것으로, 고(考)·노(老) 등의 글자가 이것이다.

여섯 번째는 가차(假借)라고 한다. 가차는 본래 그 글자가 없어서 소리에 의탁하여(음이 같은 글자를 빌어) 뜻(事)을 빌리는 것으로, 령(令)·장(長) 등의 글자가 이것이다.

주나라 선왕(宣王)에 이르러 태사(太史) 주(籒)가 전(大篆. 전자(篆字)의 본 뜻은 붓을 위에서 아래로 끌어당겨 대나무와 비단에 쓴다는 것이다. 이 때문에 이사(李斯)가 지은 것을 전서(篆書)라고 하고, 태사 주가 지은 것을 대전(大篆)이라고 하며, 그 후 전서를 소전(小篆)이라고 하였다.) 15편을 지었는데 고문과 약간 다르다. 그 후 제후들이 힘으로 정벌하고 왕에게 통솔되지 않았으며, 언어는 소리가 다르고 문자는 형태가 달랐다.

(상현은 말했다.『장자(莊子)』「잡편(雜編)」에 이르기를 "공자가 초(超)나라에서 12경(經)을 번역하였다."고 했으며, 또 『맹자』에서 말하기를, "초나라 사람이 자기 아들이 제(齋)나라 말을 하기를 바란다."고 하였다.)

진시황제(秦始皇帝)가 처음으로 천하를 병합하자 승상(丞

相) 이사(李斯)가 문자를 동일하게 하고 진(秦)의 문자와 들어 맞지 않는 것을 혁파하자고 상소했다. 이사는『창힐편(倉詰篇)』을 지었고, 중거부령(中車府令) 조고(趙高)는『원력편(爰歷篇)』을 지었으며, 태사령(太史令 호모령(胡母敬)은『박학편(博學篇)』을 지었다. 이를 통틀어 삼창(三倉)이라 한다. 모두『사주편(史籀篇)』의 대전(大篆)을 취하여 생략하거나 고쳐서 소전(小篆)이라고 하였다.

이때 천하의 일이 복잡하고 전서(篆書)의 불편함을 싫어하여 시황이 또 하두(下杜. 지금의 섬서성(陝西省) 사람 정막(程邈)으로 하여금 예서(隸書. 예서는 간략하고 쉽게 쓰는 경향이 있었던 도예(徒隸. 문서를 맡은 하급관리)들에게 쓰였던 것을 말한다.)를 만들게 하였다. 이로부터 전신(秦書)에는 여덟 가지 글자체가 있었다.

첫째는 대전(大篆), 둘째는 소전(小篆), 셋째는 각부(刻符. 부절 위에 새긴 것), 넷째는 충서(蟲書. 깃발(번신에 글자를 썼다.) 다섯째는 모인(摹印), 여섯째는 서서(署書. 문서 봉함 목간(봉검)에 제자(제자)로 썼다.), 일곱째는 殳書(수서. 병기(兵器)에 제자(題字)를 썼다.), 여덟째는 예서(隸書)이다.

한(漢)나라가 일어난 후 원제(元帝) 때에 사유(史游)가『급취편(急就篇)』을 지었는데, 예체(隸體)를 풀어 흩뜨려서 초서(草書)를 만들었다. 각 글자가 서로 이어진 것을 초(草)라고 하고, 이어지지 않은 것을 장(章)이라고 하였다. 지금 사람들이 쓰는 해서(楷書)는 곧장 章과 隸가 합쳐져 이루어진 것이다.

왕망(王莽)이 자못 고문을 고쳤다. 그때 육서(六書)가 있었는데, 첫째는 고문(古文. 공자의 집 벽 속에 있던 책을 말한다), 두 번째는 기자(奇字. 고문이 다른 체(體)), 세 번째는 전서(篆書. 즉 소전), 네 번째는 좌서(左書. 즉 진(秦)의 예서(隸書)), 다섯 번째는 무전(繆篆. 즉 진(秦)의 모인(摹印)), 여섯 번째는 조충서(鳥蟲書. 즉 진(秦)의 충서)이다.

『삼창(三倉)』에다, 무제(武帝)때 사마상여(司馬相如)의『범장편(凡將篇)』과 원제(元帝)때 황문령(黃門令), 사유(史游)의 『급취편(急就篇)』, 성제(成帝)때 장작대장(將作大匠) 이장(李長)의『원상편(元尙篇)』, 평제(平帝)때 황문시랑(黃門侍郎) 양웅(楊雄)의『훈찬편(訓纂篇)』을 합하면 무릇 5340자이다.

후한 안제(安帝)때 태위(太尉) 남합제주(南閣祭酒) 허신(許慎)이『설문해자(說文解字)』를 지었는데, 240부로 나누고 9353자를 실었다. 이에 천지·귀신·산천·초목·조수(鳥獸)·사충(蛇蟲)·잡물·기괴·왕제(王制)·예의(例義)·세간의 사람, 일 등 싣지 않는 것이 없었다. 후세 사람들이 옛사람이 문자를 만든 근원을 알 수 있게 된 것은 이에 힘입은 것이다.

이 단락은 모두『설문해자 서』에 의거하였다.

8. 언문 자모(諺文字母)

(1) 한문의 자모는 범문(梵文)에 근원한다.

살펴보건데 『어제강희자전(御製康熙字典)』「서문」에서 말하였다.

"고문(古文)과 전서(篆書)·예서(隸書)가 시대에 따라 변하였는데, 한(漢)의 허신(許愼)에 이르러 비로소 『설문(說文)』이 나오게 되었다. 그러나 뜻을 중하게 여기고 음(音)을 소홀히 하였기 때문에 세상에서는 '한나라 유학자들은 문자만 알고 자모는 알지 못하며 강좌(江南)의 유학자들은 사성만 알고 칠음은 알지 못한다'고 한다. 칠음의 전래는 서역으로부터 시작되었는데, 36자를 자모(字母)로 삼아 종으로 사성이 되고 횡으로 칠음이 되었다. 이후에는 천하의 성운(聲韻)이 모두 여기에서 나오게 되었다.

일찍이 『관자(管子)』에 실린 것을 살펴보니, '오방(五方)백성들의 음성이 맑고 탁하고 높고 낮은 것은 각각 그 하천과 들판, 샘과 토양의 얕고 깊으며 넓고 좁은 것을 본떠서 생겨난 것이다. 그러므로 오음(五音) 가운데 한 가지 음성을 많이 타고난다'고 하였으니, 칠음 전부를 갖춘 자는 드물다. 이것은 역대로 서로 전하여 음을 취한 자들이 한결같이 분명하게 하지 못한 까닭이다.

『설문(說文)』이후로 자서(字書)중에 좋은 것으로는 양(梁)에는 『옥편(玉篇)』, 당에는 『광운(廣韻)』, 송에는 『집운(集韻)』, 금(金)에는 『오음집운(五音集韻)』, 원에는 『운회(韻會)』(古今韻會), 명에는 『홍무정운』인데, 모두 당세까지 유통되고 후학들이 사용하였다.

(2) 언문의 자모도 한문과 범문을 모방하였다

조선에서 간행한 『진언집(眞言集)』(바로 뒤에 나오는 『진언집』의 일부이다. 옛것은 용암 숙(龍巖 肅)과 그 만연사(萬淵寺)에서 소장했었는데 불에 타 소실되었다. 지금 것은 영월낭규(映月郎奎)가 수정하여 다시 새긴 것이다.)에서 말하였다.

"옛날에 고승 요의(了義)가 비로소 36자모를 찬하였다. 『玉篇』과 『자휘(字彙)』와 여러 책이 모두 자모를 본 받았고, 음을 반절로 풀었으며, 사성(四聲)과 청탁(清濁)을 자세히 하지 않은 바가 없었다. 『홍무정운(洪武正韻)』에 이르러 글자의 자모를 31개로 삼았다. 우리 조선에 이르러 자모(字母)에 의지하여 언문을 찬술하고, 그것으로 여러 경전(간경도감에서 여러 불서를 언문으로 번역한 것을 말함)을 번역하여 풀이하였다. 고저(高低)와 사성(四聲)은 점의 다소(多少)와 유무(有無)로 구분하였으며, 청탁(淸濁)의 전차(全次)는 언자(諺字)의 홑소리와 겹소리로 변별하였다."

또 수관거사(水觀居士)가 「발(跋)」에서 말하였다.

"여러 나라에 각각 문자가 있어서 음성(音聲)을 기록하였으나, 중국은 유독 서로 비슷한 자로 주(注)를 달았기 때문에 다분이 뒤섞여 잘못이 있다. 뒤늦게 신공(神珙)대사 및 온국(溫國) 문정(文正. 司馬光)이 반절로 알기 쉽게 만들었으나, 오히려 남용될 것을 의심하고 염려하였다. 근세에는 또 오랑캐의 말이 섞이게 되어 학사 대부들이 말하기 어렵게 되었다. 오직 우리나라 언서(諺書)와 서역의 범문만이 가장 정교하여 초성과 종성, 청탁(淸濁)을 확실하게 볼 수 있다. 이 책은 범문을 벼리로 삼고, 우리 언문과 한자가 반복하며 맞물리게 하여 각각 그 취지를 지극히 하였다. 이 언서가 온 나라에 유통하게 하였는데, 성운(聲韻)을 익숙하게 알게 되어(雄霓之讀) 반드시 은후(隱侯. 沈約)가 얼굴을 붉히지 않게 되었다."

정조 24년 맹하(孟夏)에 중간했는데, 양주(楊州) 도봉산(道峯山) 망월사(望月寺)에서 판목을 소장하고 있다.

어떤 기록에 이르기를, 원위(元魏)때 승려 신공(神珙)이 비로소 등운(等韻)의 학문을 밝혔다. 등운이란 음성을 홍세(洪細)로 구별하여 1 · 2 · 3 · 4 등(等)으로 삼는 것이다. 각각의 등운은 또 개구호(開口呼) · 합구호(合口呼) · 내성(內聲) · 외성(外聲) · 제치(齊齒) · 촬구(撮口)로 구분하였다고 하였다. 살펴보건데 세상 사람들이 이르기를, 북위(北魏) 사람 신공이 처음 서역의 36자모를 전하였다고 하였다. 그러나 신공이 저술한 『반뉴도(反紐圖)』의 「자서(自敍)」에서 당 헌종(憲宗) 원화(願和) 연간의 『운보(韻譜)』를 함께 언급하였으니, 북위 사람이 아니고 당 원화(願和) 이후 사람이다. 또한 이른바 자모는 없었다. 승려 수온(守溫)이 자모라는 말을 찬했으니, 곧 자모는 신공이 전하지 않았음이 분명하다.

『성호사설』에서 말하였다.

"운(韻)의 『사성보(四聲譜)』는 심약(沈約)에서 시작되고, 자(字)의 반절은 신공(神珙)에서 시작되었다. 후세의 자서(自敍)는 상고와 열람의 편의를 위해 부분별로 편방(偏傍)을 나누었으니 역시 반절로 인하여 등분이 갖추어지게 되었다."

또 어떤 기록에 이르기를, "당 소선제(昭宣帝) 천우(天祐) 4년(907)에 당나라가 멸망하였다. 이 해에 당나라 말기 승려 수온이 『삼십육자모도(三十六字母圖)』한 권을 찬하여 불교에서 받들어 반절의 법을 전문적으로 익히게 하였다. 송나라 중엽에 이르러 비로소 크게 전해졌다."고 하였다.

『이재유고(頤齋遺稿)』「자모편(字母篇)」에서 말하였다.

"옛날 중국에는 자모번절법(字母飜切法)이 없었다. 다만 장구(章句)가 엄정하여 스스로 율려(律呂. 가락)가 맞았던 까닭에 혹은 중성(中聲)으로 혹은 종성(終聲)으로 서로 어루어져 운을 이루었다. 이것이 남조(南朝)의 심약(沈約)이 『운보(韻譜)』를 창조하게 된 까닭이다.

오직 서역의 범학(梵學)은 소리로 가르치므로 음조가 가장 정교하다. 북조(北朝)의 위(魏)나라 때 서역의 승려 요의가 범어를 전하니, 모든 자음(字音)에서 초성(初聲)이 서로 유사한 것은 (대표로) 자모를 세워서 이를 묶었다. 대개 『화엄경』에 있는 범어가 48자모인데, 요의가 만든 것은 견(見)·계(溪) 이하 36자모가 있으니, 중국음의 상세한 구별이 범어에 미치지 못함을 여기에서 볼 수 있다. 이로부터 중국 사람은 비로소 초성과 중·종성 두 소리가 서로 짜이는 방법을 알게 되었으며, 경전(經傳)의 자음에 드디어 변절(變切)이 있게 되었다.

대개 음이 같은 글자는 한 글자의 음이 같은 것을 사용하여 주를 달았다. 같은 음이 없는 글자는 모름지기 하나의 자모와 하나의 운모(韻母)를 사용하여 맞춘 연후에 바야흐로 마땅한 음을 얻었으니, 두 글자를 써서 주를 달았다. 예컨대, 안사고(顔師古)·육덕명(陸德明)이 사용한 것이 모두 이 방법이다.

전하여 송(宋)나라에 이르러서는 옛 음이 점차 변하여 하나의 자모가 나뉜 것이 있고 두 개의 자모가 혼동된 것이 있으니, 이에 소자(邵子)가 경세운법(經世韻法)을 만들었다. 그러나 자서(自敍) 편찬자들이 그 뜻을 깊이 깨닫지 못하고 다만 36자모에 근거하여 혼동된 것을 아우르게 되었다. 예컨데 남송(南宋)말 황공소(黃公紹)의『운회(韻會)』35자모에서 대략 볼 수 있다. 대개 송·원 사이에 32자모로 줄어 들었으며, 명의 『홍무정운(洪武正韻)』에 이르러서는 또 31자모로 줄어들었다. 명 말 서양 사람 리마두(리마두. 마테오리치)등이 동쪽에 와서 사용한 자음은 또 23자모 그쳤다. 우리나라의『세종어제훈민정음』은 본래『홍무정운』의 자모에 의거하여 한어(漢語)를 통해하려 한 것이다.

세속에서 쓰이는 우리말은 또 14자모로 줄어들었을 뿐이다. 대개 중국 음과 우리 음은 물론 각각 옛날과 지금이 다를 뿐 아니라 지역과 기후에 구애되어 자모가 옛날에는 조밀하고 지금은 성기며 옛날에는 많고 지금은 적은 것 또한 자연히 그러한 것뿐이다.

소위 14자모는『훈민정음』에 본래 이러한 법이 있었던 것이 아니다.『사성통고(四聲通攷)』로부터『노박집람(老朴輯覽)』과『사성통해(四聲通解)』이후 우리나라 사람들이 사사로이 사용하던 것은 14개의 초성에 불과한데, 자모가 저절로 줄어든 것을 알 수 있다.

『훈민정음』은 이미 『홍무정운』을 따라 자모에 31개의 초성을 정했으나 중국어를 번역한 것 이외에 세속에서 쓰이는 것은 14개 초성뿐이다. 또 32개의 중성을 정했으나 중국어를 번역한 것 이외에 세속에서 쓰이는 것은 19개 중성 뿐이다. 또 초성을 다시 써서 13개 종성을 정했으나 중국어를 번역한 것 이외에 세속에서 쓰이는 것은 8개의 종성 뿐이다."

상현이 말했다.

음 한문의 36자모를 찬한 이는 세 사람인데 각각 그 이름이 다르다. 혹은 요의라고 하고 혹은 신공(神珙)이라고 하고 혹은 수온(水溫)이라고 한다. 연대 또한 달라서 혹은 북위(北魏) 사람이라고 하고 혹은 당나라 말 스님이라고도 한다. 내가 살펴보건데, 요의와 신공은 아마도 한사람인 것 같다. 무엇으로 알 수 있느냐 하면 『진언집』「서문」에서 요의라고 하였고, 「진언집」「발문」에는 신공이라고 하였기 때문이다. 승려 수온이라고 하는데 이르러서는 근거없이 억측해 판단했다고 할 수 없으나 진실로 의문이 남는다. 세 사람 가운데 누가 옳은지 자세히 알 수 없다. 후일에 고증을 기다린다. 그러나 한문의 자모가 서역 승려의 손에서 찬해 진 뒤에 우리나라 언문 초성의 표준이 된 것은 분명하다.

(3) 범자(梵字)의 기원

【범서실담장(梵書悉曇章)】범서(梵書)가 지어진 것은 대범천왕(大梵天王)에서 시작되었다. 범(梵)이라고 말하는 것은 갖추어 이르면 범마(梵摩)이고, 여기 말로는 청정함이다. 범천(梵天)으로써 욕정을 벗고 깨끗하게 빛이 나 스스로 존재하는 까닭이다. 서역의 말을 '범(梵)'이라 일컫는 것은 옛날에 광음(光音)이 하늘에서 내려와 오래도록 머물러서 인종(人種)이 되었는데, 본래 이것이 범윤(梵胤)이었기 때문에 '범'이라고 하였다. 또 인도 사람과 범천의 언어음이 서로 같았기 때문에 '범'이라고 하고 또 실담(悉曇)이라고 한다. 본래 바라하마천왕(婆羅賀摩天王)이 지었는데, 이것은 변시(徧施)라고도 하고 자모라고도 하며 또 초장(初章)이라고도 하며 또 '성취'라고도 하였다.

어찌하여 변시(徧施) 등이라고 하느냐 하면, 12개의 전성(轉聲)으로써 34자모에 두루 들어가 모든 글자가 다시 생겨나니, 마치 어미가 자식을 낳는 것과 같기 때문이다. 그러므로 자모라고 하였다. 24자모의 범장(梵章) 가운데 실담이 가장 첫 번째에 있기 때문에 '초장'이라고 하였다. 또한 자식을 낳게 되는 근본이 이 방법과 유사하고, 36자모로 말미암아 여러 글자가 생겨나기 때문에 '성취'라고 하였다.

범서의 자모는 총괄하여 12전성, 25개의 아(牙)·설(舌)·순(脣)·치(齒)·후(喉) 오음(五音), 구회음(九會音. 초음(初音)이라고도 한다, 사조음(四助音)이 있다. 모두 합하여 50자이며 그 가운데 12전자(字)는 오음, 구회음 등 34자 가운데 편입되고 글에 첨가되어 음이 변한다.

또 『근대인도사』를 살펴보니 범문(梵文)의 기원을 논하기를, 서양 기원전 400년, 인도 사람 가운데 이미 문자를 발명한 적이 있는데 다만 대중이 사용하도록 보급되지는 못하였다고 한다. 4세기 경에 이르러 겨우 변도야(邊都野. 지명) 북쪽 지역에 보급되었으니, 이것을 북방 문자라고 하며 범자의 기원이 되었다. 그 후에 또한 변도야 남쪽 지역에 파아리(巴亞里. 팔리)문자의 기원이 있었으니, 이것을 남방문자라고 한다.

상현이 말한다. 불서 『화엄경』은 12자모가 있고, 『유가금강정경(瑜伽金剛頂經)』은 50자모가 있다. 또한 『일체불경(一切佛經)』은 남북방(南北方)문자가 함께 있으니, 인도 문화의 많은 단서를 볼 수 있다.

이상의 여러 조항들을 종합하여 살펴보면, 언문이 만들어진 순서를 알기 어렵지 않다. 그러나 글자 모양(字體)은 고전(古篆)을 모방하였다고 하는 것은 매우 의심이 남는다.

　왜냐하면 대전(大篆)과 소전(小篆) 가운데 언자(諺字)와 한두 가지 유사함이 없는 것이 아니다. 비록 그러하나 언문의 반절뉴관(半切紐關)의 법(法)과 획을 합하고 해성(諧聲)하는 규칙은 다시 범어와 언문 사이의 관계가 매우 흡사하지 않다.

　정인지, 최만리 등이 글자는 고전(古篆)을 모방하였다고 한 것은 모두 유학자이기 때문에 범자를 말하기 꺼려하여 고전이라고 한 것이다. 그러므로 후세에 이르러서 사실이 점차 드러났다. 곧 예컨대『동각잡기』에서는 "언문의 자체는 고전과 범자를 본떴다."고 하였다. 이것은 한문의 고전 및 서역의 범자(梵字) 두 가지 일을 가리키는 것이니, 어찌 모호함이 이와 같은가?

　비록 그러하나 비교적 옛날에 두 사람이 이미 하나의 사실을 부가하였다.『문헌비고(文獻備考)』와『지봉유설(芝峰類說)』(이수광(李晬光)지음)에서 말하기를, "우리나라 언서(諺書)는 전부 범서를 모방하였다."고 하였다. 이후 글자를 만들 때 범자를 모방하였다는 진상이 비로소 노출되는데 여지가 없었다. 성호(星湖)선생이 글자의 형태는 의의가 완전히 없어지

고 오직 한 점 두 점으로써 구별을 삼았다고 운운한 것 또한
잘 살피지 않은 설이다.

　내가 이제 실담장(悉曇章) 가운데 범자와 우리 언자(諺字)
의 모양과 음이 서로 유사한 몇 가지 예를 인용하기로 하겠
다.

언자　'리　　'리　　라　　ㅋ　　사시　　셔싁

　　　리거　라거　　라평　　거　　사거

　　　唎去　囉去　　欏平　거(平濁)　舍去

범자　　　　　　　　　　　　　　स

언자　:야　　:여　　:요　　유　　언문에 이르기를 부
　　　　　　　　　　　　　　　　　운(副韻)혹은 요음
　　　　　　　　　　　　　　　　　(拗音)이라고 한다.

범자에 이르기를 초음(超音) 혹은 화회성(和會聲)이라고 한
다.

　언문의 음성은 『고금운회(古今韻會)』에서, 언문의 자모는
『홍무정운』에서 모방하였다. 또 동고문자는 거루(佉樓)에서
변하였다. 한문의 자모는 서역에서 시작되었으니, 먼 원인이
되기도 하고 가까운 원인이 되기도 하였다. 그러므로 나는 언
무의 자법은 범천에서 근원하여 나왔다고 하였다.

(4) 만몽(滿蒙) 번역학

원 발출노충(孛尤魯翀)이『운회』서문에서 말하였다.

"허씨가『설문』을 세워서 문자에 부류(部類)를 두었다. 심약(沈約)은 소리를 계보로 하여 운(韻)을 책으로 두었다. 원위(元魏)시대에는 반절의 자모를 사용하여 글자에 섭(攝)을 두었으니, 서가(書家)에 자료가 되었다."

유진옹(劉辰翁)은『운회』「서문」에서 말하였다.

"정협제(鄭夾漈)가 이르기를 '범음이 중국에 행해지고, 우리 부자(夫子. 孔子)의 경전이 발제하(跋提河)를 한 발자국도 넘지 못한 것은 문자를 소리로써 하지 않기 때문이다' 라고 하였다." 남송 말 소무(昭武) 황공소(黃公紹)가『운회』를 편찬 하였다.

『문헌통고(文獻通考)』「소학설(小學說)」에서 말하였다.

"한(漢)나라에서 부터 불법이 중국에 행해지고 또 서역의 호서(胡書)를 얻어서 14자로 모든 음을 꿰뚫을 수 있었는데, 글은 생략되었으나 뜻은 넓다. 그것을 바라문서(婆羅門書)라고 하니, 팔체(八體), 육문(六文)과 더불어 의미가 다르고 구별되었다."

『운학본원(韻學本源)』에서 말하였다.

"서역 범자실담장(梵字悉曇章. 실담(悉曇)은 곧 실달타(悉

恒陁)이다. 『강희자전(康熙字典)』에 이르기를 등운(等韻)이란 범어로 실담이다. 이는 자모를 이르며, 이것은 모든 문자의 어미이다. 범어로 비거라(毘佉囉), 절운(切韻)을 이르며, 이는 모든 문자의 근본이다. 또한 실단(悉檀)이라고 하며 일설(一說)에는 실담장(悉曇章)이라고 하니, 이것은 변시라고 하고 초장이라고도 하며 또 성취하여 생성되는 것을 이른다.

12전성(轉聲), 조음(助音), 5성(聲), 초음(超音) 또는 화회성(和會聲)이라고 한다. 이상 여러 글자는 모두 생략한다. 위의 범자 12전성 12자 조음 4장, 5성(聲) 25자, 초음(超音) 9자 도합 50자이다. 불서(佛書)에 나오며, 대개 서역의 말이다. 곁에 한자를 써서 중국어로 번역하였다. 훈민정음을 사용해 주를 달고 조선 사람이 방음(方音)으로 번역하였다. 정음의 옆에 점을 찍었다. 평성(平聲)은 점이 없으며, 상성(上聲)은 두 점을 찍으며, 거성(去聲)과 입성(入聲)은 각각 한 점을 찍었으니, 정음의 본래 예(例)이다.

대개 한자는 본래 고전(古篆)이 서로 다른 것인데 지금 천하에 통행되지 않는 곳이 없다. 그러나 외국 또한 각각 그 나라에서 사용하는 문자가 있었다. 예컨대 서한(西漢)때 서역의 안식국(安息國)은 가로쓰기로 글을 기록하였는데, 가로쓰기란 호서체(胡書體)이다.

송나라 때 서하(西夏)의 조원호(趙元昊)가 스스로 번서(蕃

書)를 지었는데, 형체가 네모 반듯하며, 팔분(八分)과 비슷하고, 획을 잘못 중복했으며, 나라 사람으로 하여금 일을 기록하게 하였다. 금(金)나라는 처음에는 문자가 없었으나, 거란(契丹)이 한인(漢人)을 얻어서 비로소 거란에 한자가 통행되었다. 이에 오야(烏野), 모량호(謀良虎), 곡신(谷神)등이 그것을 배웠다. 모량호는 이틀 만에 모두 통달하였다. 드디어 알본(斡本) 등이 입법하여 제정하고, 여진(女眞) 대자(大字)를 반포하였다. 또한 경전과 사서를 번역했는데, 태조 완안민(完顔旻) 때의 일이다.

원세조 지원 6년에 새로이 몽골 문자를 재정하였다. 원(元)나라에는 옛날에 문자가 없었으나 제사(帝師) 호승(胡僧) 팔사마(八思馬)가 비로소 이 문자를 만들었다. 제사(帝師)의 호칭으로 인하여 팔사마라고 하였으며 또 팔사파(파스파)라고도 하였으니, 곧 반미달(班彌怛) 발사발(拔思發)이다. 토파국(土波國. 곧 서장(西藏))사람으로 민첩하고 깨달음이 남보다 뛰어났다. 나이 15세에 그 나라로부터 와서 번저(蕃邸)에서 세조를 알현하였다. 곧 존경과 총애를 받아 중통(中統) 원년에 국사가 되었으며, 옥인(玉印)을 받고 천하의 불교를 거느렸는데 나이 23세 때의 일이다.

이후에 양주(楊州) 평산당(平山堂)에 머물렀다. 이러한 기록이『불조통재(佛祖通載)』에 보인다. 원은 비록 몽고문자가

행해졌으나 서신의 왕래에는 외오아(畏吾兒. 위그르)문자가
많이 사용되었다. 외오아는 옛날 회골(回鶻)이다. 고려 충선
왕의 비 계국공주(薊國公主)는 원에서 왔는데, 조비(趙妃)가
왕의 총애를 온전히 받는 것을 질투했기 때문에 외오아 문자
를 사용해 따로온 종에게 편지를 부쳤다. 활활불화(闊闊不
花)·활활대(闊闊歹) 두 사람이 원에 가서 황태후(皇太后)에
게 전달하였다.

  지금의 안남국(安南國. 베트남) 글자 모양은 한데 묶여 있
어 분간하기 어렵다. 일본 역시 48자(字)를 사용하나, 한자로
써 소리에 의지하여 썼을 따름이다. 범자에 대해서는 여래(如
來)가 만들었다고도 하는데, 이는 알 수 없는 일이다. 그러나
우리 훈민정음의 연원은 대개 이것을 근본으로 하였는데, 결
국 범자의 범위에서 벗어나지 않았다. 주자(朱子)가 일찍이 말
하기를, "남해(南海)의 여러 번서(蕃薯)들은 아주 좋다. 그글
자의 획이 힘이 있어서 마치 옛날 종정(鐘鼎)에 새긴 글자와
같으니, 여러 나라가 각기 다르다. 풍기(風氣)가 처음 열릴 때
이러한 일이 도처에 있었으니, 중국만이 먼저 열린 것이 아니
다."라고 하였다. 남해의 여러 번(蕃)이라고 하는 것은『송사
(宋史)』에도 보인다. 예컨대 안남(安南), 삼불제(三佛齊(스리
비자야), 진랍(眞臘. 캄보디아), 점성(占城. 참파), 발니(發泥.
보르네오) 같은 곳이다. 기타 또 서쪽에 가까운 천축(天竺)에

는 범교(梵敎)가 행해졌으니, 서남쪽에 있는 여러 나라에는 모두 그 나라 문자가 있었다는 것을 믿을 수 있다. 북쪽에는 몽고, 여진(女眞) 문자가 있었을 따름이다.

대개 금(金)나라 사람들은 이미 거란 한자를 썼으며, 금의 임금이 곡신(谷神)에게 명하여 한(漢)나라 사람의 해자(楷字)를 본떠서 제정하고 거란 문자와 본국의 말을 합하여 여진 소자(小字)를 만들었다. 신곡이 제정한 것은 대자(大字)라고 하며, 지금 호청(胡淸. 여진족의 청나라)의 비각(碑閣). 전문(錢文), 인자(印字)에 자주 그 문자를 사용하였으니, 곧 북쪽 역시 나라의 문자가 있었다는 것을 믿을 수 있다.

청 태조 때 액이덕니(額爾德尼)와 갈개(喝蓋)에게 국서(國書)를 제정하도록 하였으며, 대해(大海)가 교정하여 바로잡은 것을 청서(淸書)라고 한다. 대해는 또 대음절자(對音切字)를 지었으니 다시 몽고 문자를 사용하지 않았다.

오히려 우리나라 정음은 비록 뒤에 나왔다고 하나 글자의 모양이 간결하고 일상적으로 사용함에 편리하였으니, 동방에 나라 문자를 둔 것은 이로부터 시작되었다. 삼국 이후 사용되었던 설총의 이두를 보면, 한자를 사용하고 소리에 의지하여 통하지 않았는데, 시간이 멀리 떨어져 있다. 그러나 지금으로부터 4백 년이 채 되지 않았지만, 그 글자의 어음(語音)을 이미 알지 못하게 되었다. 또한 한자는 옛날에 36자모를 사용하였으나, 이후에 또 4개가 줄어 32자가 되었으며 『홍무정운』 또한 31개로 줄어들게 되었다.

또 『법원주림(法苑珠林)』에 이르기를, '글은 무릇 세 사람이 만들었다. 첫째는 범(梵)인데, 그 글은 아래로 쓴다. 그 다음은 거로(佉盧)인데, 그 글은 왼쪽으로 쓴다. 셋째는 창힐(蒼詰)인데, 그 글은 아래로 쓴다(범서를 오른쪽으로 쓴다는 것은 왼쪽에서 오른쪽으로 쓴다는 것이다. 거로를 왼쪽으로 쓴다는 것은 오른쪽에서 왼쪽으로 쓴다는 것이다. 두 가지 모두 가로로 쓴다. 오직 창힐이 아래로 썼다는 것은 위에서 아래로 쓰는 것이니, 이것은 세로로 쓰는 것이다.)고 하였다.

정초(鄭樵)는 『화범론(華梵論)』에서 말하기를, '여러 번(蕃)의 문자가 다른데, 대부분 범서가 그 뿌리이다. 범서는 왼쪽으로 돌아서 그 기세가 왼쪽으로 향한다. 중국 글은 오른쪽으로 돌아서 그 기세가 왼쪽으로 향한다. 중국 글은 곧은 획이 서로 엇갈려 문자를 이루고, 범서는 비스듬한 획이 얽혀 서체를 이룬다. 중국 글은 하나의 음(音)에 하나의 글자만 해당하지만, 범서는 하나의 글자에 간혹 몇 개의 음이 해당될 수 있다. 중국 글은 종선(縱線)으로 곧게 서로 이어지고, 범서는 횡선(橫線)으로 비스듬히 서로 엮인다. 중국 글은 상형(象形)의 문자가 있는데, 범서 역시 그렇다. 중국 글은 문자를 생략하기도 하는데 범서 또한 그렇다. 중국 글은 소리가 같으면 그 자를 가차(假借)하는데, 범서 역시 그렇다. 중국 글은 협음(協音)으로 그것을 빌린 글자가 있으며, 범서 역시 그렇다'고 하였다.

몽어노걸대 12자두문(蒙語老乞大十二字頭文)

몽(蒙)은 곧 몽골이다. 몽어(蒙語)는 곧 원음(元音)이다. 원(元)이 천하를 점유하고 여진은 그 역내에 두었다. 여진은 이제 청(淸)나라 사람이 되었기 때문에, 전후(前後)의 언어 문자가 서로 통한다. 청나라 사람은 초기에 또한 그 풍속(舊俗)으로 인하여 태조(太祖)때에 청서(淸書)를 제정하여 행하도록 명하였으며, 몽서(蒙書)는 따로 몽골에서 행하였다. 우리 조선은 이웃 나라로 교역 하였다. 이에『노걸대(老乞大)』를 익히니 한(漢)·청(淸)·몽(蒙) 세 개의 서명(書名)을 배워서 각각 방언으로 번역하였다.

성상(聖上. 명조대왕) 40년 갑신년에 사역원(司譯院) 제조(提調) 한익모(韓翼謨)는 몽어(蒙語)에 서툴러서 의견을 올려 몽학(蒙學)을 한 행부사직(行副司直) 이억성(李億成)과 청학(淸學)을 한 전 판관(前判官) 변한기로 하여금 청나라 사람에게 가서 바로잡게 하였다. 연경(燕京)에 있을 때 "우연히 몽골 사람 허몽굉(許夢閎)이란 자를 만나 비로소 12자두(字頭)를 얻었다. 문자에는 머리와 꼬리가 있고 소리(音)와 양(陽)으로 나뉜다. 같은 부류에 적용하고 기루어 넓히며, 조리가 자세하고 두루 통해 나침판의 첩경이라고 이를 수 있으니, 관목에 새겨 행해졌다. 다음 해 5월에 본학(本學) 권지(權知) 이학원(李學源)이 「서문」을 쓰고 그 옆에 우리 훈민정음을 사용해 소리에 따라 부기하였다.

상현이 말했다.

"12자두(字頭) 외에 기타 아리갈례자(阿利喝禮字)라고 하는 것이 있는데 형태가 번잡한 까닭에 생략한다. 다만 번역하고 보여서 조선 언문이 몽골 문자에서 환골탈태(換骨奪胎)했다는 것을 증명한다. 대개 아리갈례자는 다음과 같다. 왼쪽과 오른쪽에 있는 것이 음과 양의 문자인데 절음(切音)과 운용(韻用)을 사용한다. 글자 옆에 동그라미가 있는 것은 모두 양성(陽聲. 맑은 소리)이고, 점이 있는 것은 모두 음성(陰聲. 탁한 소리)이니, 언자(諺字) 오른쪽 곁에 있는 동그라미와 점 역시 모두 생략한다.

와	워	카	디(切音)	둔(切音)	왼쪽과 오른쪽에 음과
야	여	이	요	유	양 문자를 사용하는
자	저	즈	조	쥬	것을 보라
차	처	츠	초	추	
하		가	호	고	

파 퍼 피　포 푸 풔 푸

차 처 치　쵸 추 츄 츄

야 여 이　요 유 유 유

라 러 리　로 루 뤄 루

나 너 니　노 누 눠 누

마 머 미　모 무 뭐 무

토　　도　투 두 투 두 퉈 뒤　경설음운영(輕舌音韻用)

타　　다　터 러 터 디

커　　거　가 쿠 구 쿼 구

쟈 저 지　죠 쥬 쥐 쥬

샤 서 시　쇼 수 쉬 수

사 서 시　소 수 쉬 수

하 가 히　호 고 후 구

바 버 비　보 부 붜 부

아 어 이　오 우 워 우

상현이 말한다.

몽골 문자를 쓰는 법과 우리 언문을 쓰는 법이 서로 비슷하며, 자법(字法) 역시 서로 유사하다. 또한 듣건대 몽골 승려들의 범패가 조선 승가(僧伽)에서도 더불어 현재 행해지고 있는데, 범패가 서로 같다고 한다. 그러므로 음조 역시 같다는 것을 미루어 알 수 있다.

이제 역원(譯院)을 살펴보면,『몽어노걸대(蒙語老乞大)』가 있고, 또 청어(淸語)『노걸대신역(老乞大新譯)』이 있다. 대개 청학(淸學) 교과학습서이다. 그것을『노걸대』라고 하는 것은 숭정(崇禎) 병자년(1636) 이후에 처음 원본을 모방하지 않았기 때문에 처음부터 생경하고 난삽함을 면치 못했다.

성상(聖上. 영조대왕) 36년 경진년(1750)에 함흥(咸興) 역학(譯學) 김진하(金振夏)가 개시(開市)로 인하여 회령(會寧)에 부임했다. 영고탑(寧古塔) 필첩식(筆帖式. 청의 관직명. 공문서의 기록과 번역을 담당했다.)과 함께 머물면서, 음의(音義)를 질문하고 글자의 획을 판명하여 차이가 심한 것을 고치고 잘못된 것을 정정하였고, 다음 해 개시에도 다시 질문하였다. 모두 지금 행해지고 있는 구어와 꼭 들어맞는다고 하였다.

을유년에 본원(本院)의 도제조(都提調) 홍봉한(洪鳳漢)이 왕에게 아뢰어 평양(平壤)에서 판목을 만들게 하니, 제조(提調) 홍계희(洪啓禧)가 서문을 지었다. 옛날 역원에서『삼역총해(三譯總解)』를 사용하여『삼국지연의(三國志衍義)』의 문자를 번역하고 풀이하였는데, 매우 다르거나 잘못되고 어지러짐이 없었으나,『노걸대(老乞大)』란 신역이 나와서야 비로소 막힘이 없게 되었다.

지금의 청학(淸學)은 곧 『청국대전』에서 말하는 여진의 학문이다. 여진에서 사용하는 문자는 몽골 문자와 대략 다르다. 무릇 한자 및 우리 훈민정음 –속칭(俗稱) 언자(諺字)– 는 모두 오른쪽에서 왼쪽으로 행(行)을 이루나, 청(淸)의 몽자(蒙字)는 왼쪽에서 온른쪽으로 행을 이룬다.

　그 근원이 대개 범자에서 나왔으니, 범자는 왼쪽에서 돌아서 그 기세가 오른쪽으로 향하기 때문이다. 또 한자 및 우리 언자는 하나의 음(音)에 각각 하나의 글자가 있지만, 청(淸)의 몽자(蒙字)는 두 개의 음이 합하여 하나의 글자가 되기도 한다. 또 세 개, 네 개, 다섯 개의 음이 합하여 하나의 글자가 되기도 한다. 또 범자의 종성은 초성의 위에 있기도 하고 초성의 오른 쪽에 있기도 하나, 청의 몽자는 종성이 반드시 초성의 아래에 있다.

　또 살펴보건데, 성상(聖上) 13년 정사년(1737)에 본원의 도제조(都提調) 김재로(金在魯)가 『蒙語老乞大』를 가지고 연경(燕京)에 나아가 전후(前後)로 많은 것을 질의하여 바로 잡았다. 그 일을 맡고 있는 이세유(李世烋)에게 『첩해몽어(捷解蒙語)』를 편찬하게 했다. 그러나 『노걸대』본문에 사물의 명칭을 나열하는 것이 더욱 급했다. 다시 이희대(李喜大)와 현문항(玄文恒)으로 하여금 몽골사람 사연(仕燕)에게 질문하고, 서사관

(書寫官) 이최대(李最大)가 그것을 새기고, 신유년에 안명(安命)이 해설(解說)하고 서문을 썼다고 한다.

이상은 『운학본원』에 보인다.

9. 언자(諺字)연혁

세종 31년 기사년(1449)에 최항이『홍무정운』을 번역하여
『東國正韻』이라고 하였다. 동시에 신숙주가『사성공고』를 찬
하였다.

중종(中宗) 12년 정축년(1517)에 최세진이『사성통해』두권
을 찬하였고, 22년 정해년(1527)에 최세진이 또『훈몽자회』를
찬하였다. 동시대 사람인 유숭조(柳崇朝)가『경서언해(經書諺
解)』를 찬하였다. 그때 또『박통사(朴通事)』,『노걸대』(이것은
모두 한어(漢語)의 책 이름이다.)를 번역하였다. 모두 언문이
나온 이후 가장 오래된 찬술들이다. 이로부터 언문이 점점 변
하였다.

영조 23년 정묘년(1747)에 박성원(朴性源)과 역관 이언용
(李彦用)이『삼운통고(三韻通考)』를 취해 중국 음을 글자의 아
래에 달았는데, 한결같이 최세진의『사성통해』에 의거하였다.
화동정음통석운고(華東正音通釋韻考)』라고 명명하였다.

영조 26년 경오년(1750)에 신경준(申景濬)이『훈민정음도해(訓民正音圖解)』를 찬하였다.

영조 27년 신미년에 홍계희가『삼운성휘(三韻聲彙)』두 권을 찬하였다.

정조 20년 병진년(1790)에 어명으로『규장전운(奎章全韻)』을 제정하고, 사성(四聲)에 따라 분류하였다. 문신 정약용에게 명하여 짜임과 순서를 개진하도록 하였다.

순조 24년 갑신년(1824)에 유희(柳僖)가『언문지(諺文志)』한 권을 찬하였다.

이태왕(李太王) 전하 6년 기사년 (1869)에 강위(康瑋)가『의정국문자모분해(擬定國文字母分解)』를 저술하였다.

상현이 말한다.

위의 여러 책 가운데 다만 유희(柳僖)의『언문지』가 가장 나중에 나온 책이다. 연혁이 자세하고 연구가 풍부한 까닭에 내가 많이 취하고자 한다.

【언문지】

정동유(鄭東愈)선생은 격물(格物)에 정통했는데 일찍이 나에게 말하기를, "그대는 언문의 오묘함을 아는가?

한자(漢子)는 자음(字音)으로 자음을 나타냄으로 (기사음 (記寫音)이나 본음(本音) 가운데 한쪽이 변하면 다른 쪽도 변하게 되어 옛날 협운(協韻)과 지금의 운(韻)이 자주 어긋나는 것은 당연하다. 만약 언문으로 주(註)를 달고 전한다면 오래 가더라도 어찌 참된 소리를 잃게 될까 염려하겠는가? 하물며 한문 문장은 반드시 간결하고 심오한 것을 숭상하는데, 뜻을 전할 때 간결하고 심오하게 하면 잘못 해석하는 것을 막을 수 없다. 그러나 언문으로 뜻을 주고 받는다면 만에 하나라도 의심할 일이 없을 것이니, 그대는 언문(諺文)을 부녀의 공부라고 소홀이 여기지 말라." 하였다.

또 탄식하여 말하기를, "기우(奇耦)로 나눈 것 (奇는 ㅏ, ㅓ, 耦는 ㅑ, ㅕ)은 『광운(廣韻)』이전에 있었던 (서역의 자모가 처음 유래된 때를 이른다) 청음과 탁음의 혼동 쌍형(雙形)의 초성(初聲: ㄲ, ㄸ, ㅃ, ㅆ, ㅉ)은 『통석(通釋. 正音通釋)』이후에 있었다. 내가 어찌 『통석』뒤에 나온 사람과 오래전에 나온 『광운』의 글자를 논급할 수 있겠는가? 라고 하였다.

이에 나는 선생과 함께 몇 개월 동안 토론하고 마침내 하나의 책을 저술하고 『언문자』라고 하였다. 먼저 초성·중성·종성에 대하여 선인들이 앞서 펴낸 책을 들어 연혁을 나열하고,

그 다음에 논단하며, 끝에 모든 글자를 나열하여 1만 250자를 세웠다. 종횡으로 행(行)을 이루고 사람들로 하여금 한 번만 보아도 바로 알 수 있게 한 뒤에 후진(後進)에게 보였으나 깨닫는 사람이 적어 마침내 상자 속에 팽개친지 15, 6년이 지났다. 홀로 비통하고 원망스러웠다. 다시 5, 6년이지난 지금『사성통해』를 얻어 보게 되었다. 다시 옛 기록을 엮어 내고 새로운 견해도 그 사이에 넣어 다시 한 권을 이루게 되었다. 글자의 도해(字圖)를 이룰 때 너무 고생스러워 더디게 간행하니, 때는 갑신년 중하(仲夏) 상순(上旬)이다. 서파(西陂)가 비 오는 날 쓰다. 이것은 서문(序文)이다.

언문이 비록 몽골에서 비롯되어 우리나라에서 이루어졌으나, 사실 세간에서 지극히 묘한 것이다. 문자(漢子)와 비교하면 그 정교한 것이 두 가지가 있다.

문자는 곧 육의(六義. 六書)에 바탕을 두고 만들었기 때문에 형태가 산만하고 혼란스러우며 하나의 예(例)로써 온갖 모양을 추찰(推察)할 수 없다. 그러나 언문은 중성이 초성을 이어받고, 종성이 중성을 이어받아 각각 체계가 있다. 가로세로가 정돈되고 가지런하여 부녀자와 어린아이라 할지라도 모두 깨달을 수 있다. 그 변화가 자못 대역(大易)의 효(爻)와 같아서 뒤섞여 왕래해도 각각 그 순서를 따르지 않는 것이 없는데,

이것이 그 체제의 정교함이다.

문자는 옛 사람들의 해성(諧聲. 形聲) 이외에도 편방(偏旁)을 더해 오래될수록 더욱 많아졌다. 옛사람들의 전주(轉註) 이외에도 후세의 문사들이 임의로 바꾸어 읽고 협운으로 압운(押韻)했다. 예컨대『자휘(字彙)』에서 인용한 시부(詩賦)처럼 사람들이 혼란을 일으키게 하여 항상 논쟁을 일으키지만, 언문은 그 전부를 옮기면 그만이다. 한 글자라도 잘못 쓰려 해도 그렇게 할 수 있겠는가. 한 글자의 음이라도 다르게 읽으려 해도 그렇게 할 수 있겠는가. 이것이 그 운용의 정교함이다.

다만 문장을 이룰때 한문만큼 신통하지 못하다. 그러나 오늘날 사람들이 문장의 존숭하고 언문을 천히 여기는 것이 어찌 문장을 잘 짓지 못하기 때문이겠는가? 다만 깨치는데 어렵고 쉽다는 잣대로 존숭하거나 친히 여기니, 가소로울 따름이다.

한문의 체계는 본래 율악(律樂)에 의거하고 있으므로, 초성의 청탁과 종성의 편입(平入)을 살피려고 하면, 간간이 지극히 미묘한 경계에 이르게 되는데, 진실로 정교하고 세밀한 학식이 아니면 긴밀히 부합할 수 없다. 한갓 미묘한 근본 이치를 헛되게 했는데, 첫 번째로 몽음(蒙音)에 입성(入聲)이 없는 것 때문에 무너지고, 두 번째로 우리 속어에 탁성을 없엔 것 때문에 무너지며, 세 번째로 부녀들이 다만 14자모를 쓰는 것 때문에 무너졌다.

그런데도 문장을 풀이할 때 반절(半切)처럼 서로 틀리는 폐단이 없고 뜻을 전할 때 잘못 읽을 염려가 없다. 하물며 지금 선비들로 하여금 도수(度數)의 정연(井然)함과 천성(天成)의 묘리(妙理)에 부합함을 살피게 하면, 어찌 손이 춤추고 발이 뛰는 것을 스스로 알지 못하겠는가. 율려(律呂)와 음조는 들을 수는 있어도 볼 수는 없지만, 이제 필묵으로 형용할 수 있게 되었으니 또한 기특한 일이다.

사람의 마음은 원만하고 사람의 혀는 재빠르다. 발음이 온갖 금수의 소리를 겸하고도 오히려 백배나 더 많은 소리를 내므로, 필묵의 재주로도 오히려 그 소리를 온전히 기록하여 전하지 못하는 것은 마치 화공(畫工)이 초상을 그리는 것과 같다. 이제 사람이 발음을 나타낼 때 한 가지가 빠져도 지극히 묘한 것이라 할 수 없고, 한 가지를 더하더라도 지극히 묘한 것이라 할 수 없다.

다만 내가 이 글을 쓰지만 보고서도 아는 사람이 적을까 봐 두려워하는 것은 한스러워할 뿐이다. 누가 언문을 깨치기 쉬우므로 천하다고 말할 수 있겠는가? 오호라, 내가 이 글을 쓰면서 다만 후세에 양자운(揚子雲)같은 문장가가 나타나기만 기다릴 뿐이다. 이것은 「발문」이다.

● 운회(韻會) 35자모

최세진이 말하기를, "양(孃)음은 곧 니(泥)음과 같고, 요(幺)음은 영(影)음과 같으며, 부(敷)음은 비(非)음과 같다. 둘로 나누는 것은 옳지 않다. 『운회』에서 그것을 나눈 것은 대개 몽운(蒙韻)에서는 어(魚)자와 의(疑)자가 음이 비록 같으나, 몽자(蒙字)는 다르기 때문이다. 니(泥)와 양(孃), 요(幺)와 영(影), 비(非)와 부(敷) 역시 같은 이론이지만, 다만 니(尼)와 양(孃)은 논지가 달라 결단코 같지 않다고 했는데, 그 이유는 알 수

	각 角	치 徵	궁 宮	차궁 次宮	상 商	차상 次商	우 羽	반치 半徵	반상 半商
전청 全淸	見 ㄱ	端 ㄷ	幫 ㅂ	非 ㅸ	精 ㅈ	知 ㅈ	影 ㆆ		
차청 次淸	溪 ㅋ	透 ㅌ	滂 ㅍ	敷 ㆄ	淸 ㅊ	徹 ㅊ	曉 ㅎ		
전탁 全濁	群 ㄲ	定 ㄸ	並 ㅃ	奉 ㅃ	從 ㅉ	澄 ㅉ	匣 ㆅ		
불청 不淸 차탁 次濁	疑 ㆁ	泥 ㄴ	明 ㅁ	徵 ㅁ		孃 ㄴ	喻 ㅇ	來 ㄹ	日 ㅿ
차청 次淸 차음 次音	魚				心 ㅅ	審 ㅅ	幺 ㆆ		
차탁 次濁 차음 次音					邪 ㅆ	禪 ㅆ			

없다."고 하였다.

● 홍무정운(洪武正韻) 31자모

명 고황제(高皇帝)가 사신(詞臣)에게 명하여 『모황운서(毛晃韻書)』를 본떠서 『洪武正韻』을 지었다.

글자 아래 오른쪽에 언문으로 주를 단 것은 본 글자의 ㅣ 음이고, 왼쪽에 있는 것은 자모이다. 자모라는 것은 글자를 만들기 위한 '어미(母)'이다. 호승(胡僧) 요의(了義)가 처음 36자

오음 五音	궁 角	치 徵	우 羽		상 商		궁 宮	반치 半徵	반상 半商
칠음 七音	아음 牙音	설두음 舌頭音	중순음 重脣音	경순음 輕脣音	치두음 齒頭音	정치음 正齒音	후음 喉音	반설음 半舌音	반치음 半齒音
전청 全淸	見 견	端 ㄷ듼	幫 ㅂ방	非 ㅸ비ㅇ	精 ㅈ징	照 ㅈ잡	影 ㆆㅇㅇ		
차청 次淸	溪 ㅋ키	透 ㅌ툭	滂 ㅍ팡		淸 ㅊ칭	穿 ㅊ츄쳔	曉 ㅎ햡		
전탁 全濁	郡 ㄲ꾼	定 ㄸ띵	並 ㅃ삥		從 쎙ㅃㅎ	牀 쩡짱	匣 ㅎㅎㅎㅎㆁ		
불청 不淸 불탁 不濁	疑 ㅇ이	泥 ㄴ니	明 ㅁ밍	微 ㅸ뮝ㅣ			兪 ㅇ유	來 ㄹ래	日 ㅿ이ㅎ
저청 全淸					心 ㅅ심	審 ㅅ심			
전탁 全濁					邪 ㅆ써	禪 ㅆ썬			

모를 찬하였는데,『정운(正韻)』은 그것을 줄여서 31자모로 하였다. (자모는 본래 36개였으나, 지(知)·철(徹)·징(澄)·양(孃)·부(敷)를 조(照)·천(穿)·상(牀)·니(泥)·비(非)에 아울러 합하여 31개가 되었다.)

견(見)자의 소리 견을 ㄱ음의 표준으로 삼았으므로 ㄱ음의 어미가 되었다. 무릇 모든 ㄱ음을 갖고 있는 글자는 모두 견(見)자에 속해 있는 '자식(子)'이다. 그러나 견(見)자를 들어 자모(字母)로 삼은 것은 본 글자의 뜻을 취한 것은 아니다. 비록 공(公)자를 '어미'로 삼아도 견(見)자가 '자식'이 될 수 있다. 모든 자모가 이것을 본받았다.

이 단락은『화동정음통석(華東正音通釋)』을 인용하였다.

● 훈민정음(訓民正音)15초성

우리 세종대왕이 사신(詞臣)에게 명하여 몽골글자의 모양을 본뜨고, 명 학사(學士) 황찬(黃瓚)에게 질문하여 창제하였다.

ㄱ ㄴ ㄷ ㄹ ㅁ ㅂ ㅅ ㅇ
기 니 지 이 미 비 시 이

ㅋ ㅌ ㅍ ㅍ ㅈ ㅎ ㅸ
기 치 피 지 치 뇨 따로 취순음(吹脣音)이 있다.

(箕의 한글풀이 (키))

훈민정음은 전탁자(全濁字)의 형상을 만들지 않고 전청자(全淸字)의 오른 쪽에(다시 그 자를) 덧붙였는데, 그 이치가 쌍형(雙形)과 같다. 이는 글자를 간결하고 민첩하게 하기 위한 것이었는데, 그것이 자음에서 탁성이 완전히 없어진 이유이다. 방변설(旁邊說) 아래에 보인다.

● 정음통석(正音通釋. 華東正音通釋韻考) 17초성. 박성원(朴性源) 저

ㄱ ㅋ ㅇ   ㄷ ㅌ ㅈ ㄹ   ㅈ ㅊ ㅅ   ㅂ ㅍ ㅁ ◇   ㅇ ㅎ   ㅿ 취순음이 없다.
각   징 변징   상   즉 징이고   궁 변궁
                       자모는 상

근일(近日)의 우리나라 속음은 '쌍(雙), 끽(喫)' 두 글자를 제외하고 전혀 전탁의 성(聲)이 없다. 대개 옛사람들이 언문의 획을 간략히 생략하였기 때문이다. 『용비어천가(龍飛御天歌)』에는 전탁자가 없는데, 전청자 옆에 두 점을 찍고 아울러 독자로 하여금 점을 살핀 다음 발음하도록 하였다. 『정음통석(正音通釋)』역시 다만 전청자와 차청자, 불탁자만 있다. 전청자는 옆에 ○를 덧붙이고, 차청자는 옆에 ◖를 덧붙으며, 불탁자는 옆에 ◗를 덧붙였다. 전탁자는 전청자 옆에 ●표를 덧붙이고 독자로 하여금 권점(圈點)을 살펴서 발음하도록 하였다. 이 두 방법은 모두 사람으로 하여금 쉽고 소홀하게끔 하였다. 하물

며「사성통고」의 예를 보면 평성(平聲)은 점이 없으며, 상성(上聲)은 옆에 두 점을 찍었고, 거성(去聲)과 입성(入聲)은 함께 옆에 한 점을 찍었으니, 이로 인해 『용비어천가』 및 반역(反譯)의 방점에 저절로 의심이 들게 되었다.

또 『삼재도회(三才圖會)』에서는 그림의 글(圖詞)에 평측(平仄)의 예를 쓴 것인데 평성은 ○표, 측성은 ●표를 하였다. 『정음통석』의 흑백(黑白) 권표(圈標)로 인해 혼란에 귀착되었다. 학문이 미천한 후진(後進)이 『사성통고』 및 『삼재도회』의 권점과 권표를 살피지 않고, 다만 본 글자만 따라 발음한 것이다. 만약 언어(諺語)를 쓰게 되면 진탁음은 된시옷(ㅆ)과 된 비읍(ㅃ)을 쓰고 한자는 전탁음을 모두 폐하였으므로, 『정음통석』의 폐해가 하나같이 여기까지 이른 것이다. 그러므로 부득불 먼저 언문의 형태를 회복해야 한자의 소리를 회복할 수 있는 것이다. 그러나 잘못 익힌 것이 이미 오래되어 우리나라의 전탁음은 마치 중국 속어의 입성이 없어진 것처럼 갑자기 회복하기에는 어렵다고 생각한다.

나라 초기에 사신(詞臣)이 『용비어천가』를 찬한 이후에 언문으로 베껴 전했다. 『사성통고』(高靈君 신숙주저), 『삼재되회』(원(元) 왕기(王祈)지음)

●유씨(柳氏) 교정(校正) 초성25자모. 이하는 유희(柳僖)가 연구한 안건이다. 유씨는 방편자(方便子)라고 스스로 일렀다.

상현이 말한다.

초성(初聲)의 ◇은 갑자기 『훈몽자회(訓蒙字會)』 「범례(凡例)」에 나오는데, "무릇 사물 이름을 나타내는 여러 글자들 가운데 한 글자나 두 글자로 가리켜서 이름이 되는 것은 하나같이 모두 수록했는데, 연철(連綴)되어 허자(虛字) 소리를 내는 것은, 예컨대 「水扎子되요(도요)와 같은 것은 싣지 않았다."라고 하였다.

다시 『화동정음통석』 「범례」에 나오는, "'ㆁ,ㅇ,◇' 이 세 가지는 소리가 서로 비슷해서 반드시 따로 글자를 만들 필요가 없다."고 하였다. 세 번째로는 유씨의 『언문지』에 나오는데, "만약 미(微)의 자모를 비록 'ㅱ'으로 풀었더라도 'ㅁ'은 본래 불탁음(不濁音)이므로 취순음이라고 할 수 없다. 번역(번역은 『박통사(朴通事), 『노걸대(老乞大)』를 말하며 모두 한어(漢語)의 책 이름이다.)의 「범례」에서 이른 것처럼 'ㅱ'이라고 소리 내는 것 역시 '위'에 귀결되며, 『통석』에서 ◇(곧 ㅱ)이 ㅇ에 합쳐졌기 때문에 이제 특별히 없앴다."고 하였다.

초성 ㅿ과 ㅸ은 『통석』에서 말하기를, "중국음의 'ㅿㅜ'는

	각角	치徵	우羽	상商	궁宮	변치變徵	변궁變宮
	아牙	설舌	순脣	치齒	후喉		
전청 全淸	見ㄱ	端ㄷ	幫ㅂ	精ㅈ			
차청 次淸	溪ㅋ	透ㅌ	滂ㅍ	淸ㅊ			
전탁 全濁	郡ㄲ	定ㄸ	並ㅃ	從ㅉ			
불탁 不濁	魚ㆁ	泥ㄴ	明ㅁ	日ㅿ	喩ㅇ	來ㄹ	影ㆆ
차전청 次全淸			匪ㅸ	心ㅅ	曉ㅎ		
차전탁 次全濁			棒ㅹ	邪ㅆ	匣ㆅ		

'수'와 '우'의 중간 음이다. '붕ㅜ'는 '부'와 '우'의 중간 음이다."라고 하였다. 우리나라 속음에는 두 자 모두 없는데, 그대는 어떻게 존재한다고 하는가? 'ㅿㅜ'와 '붕ㅜ'의 중국 음으로 자음(字音)을 말한 것이다. 이제 내가 이『언문지』에 비록 간간이 자음으로써 밝히겠으나, 애초에 자음으로 설정한 것은 아니다. 다만 사람의 입에서 나오는 소리를 모두 묘사하고자 할 따름이다. 어찌 우리 속음에 ㅿ와 붕의 글자가 없다고 언문 역시 그에 따라 없애겠는가? 무릇 ㅿ은 진실로 ㅅ과 ㅇ의 중간음이다.

옛날에 중국 사신이 여기에 와서 나이 어린 재상(宰相)을 보고 "大다人ᅀᅵ신가? 라고 묻자, 재상이 신성(聲)을 제대도 알아

듣지 못하고, "大대臣신이 세 사람있다."고 대답하였다. 이것이 우스겟소리로 전하니, 여기서 ㅿ성(聲)이 ㅅ성(聲)에 가깝다는 것을 알 수 있다.

내가 처음 치음(齒音) 불탁(不濁)으로 끌어올린 까닭은 ㅸ과 ㅃ을 모름지기 글자로 만든 의의를 살펴보면, ㅂ과 ㅃ의 아래에 'ㅇ(空竅)'를 이어 쓰고 바야흐로 ㅂ과 ㅃ을 발음할 때 입술 틈으로 공기를 내쉬어 날리는 소리가 된다고 이르기 때문이다.

우리나라에서는 예전에 또한 이 소리가 있었다. 그러므로 『훈민』에서 따로 나왔으며, 박성원(朴性源)때 『정음통석』에 이르러 없어졌을 따름이니 어찌 '부'와 '우'의 중간 음일 수 있겠는가?

상현이 말한다.

『훈민정음』의 본래 의미는 ㅸ자모가 오로지 입술에서 내쉬는 소리만으로 설명되는 것이 아니다. 『용비어천가역의(龍飛御天歌譯義)』를 살펴보면, '薄열분', '京셔뷝', '虎버믈'이라고 하였다. 또 ㅿ자는 언문을 창제한 이후 30년, 성종(成宗) 을미년(1475)에 덕종(德宗) 비(妃) 인수왕후(仁粹王侯)의 『내훈언역(內訓諺譯)』에 '心ᄆᅀᆞᆷ '村ᄆᅀᆞᆯ' 등이 나온다. 그 글자가 초성이 되었을 때는 ㅇ자모와 비슷하게 발음되고, 종성이 되

었을 때는 ㅁ으로 끝날 때와 비슷하게 발음된다는 것을 알 수
있다. 그렇지만 글자로 쓰기 때문에 변체(變體)로 우연히 나
타날 뿐 반드시 그렇지 않다고 보장하기도 어렵다.

중성례(中聲例)

●정음통석(正音通釋) 중성(中聲) 11형(形)

『훈민정음』,『삼운성휘(三韻聲彙)』와 같다.『삼운성휘』는
홍계희(洪啓禧)가 지었다.

ㅏ ㅑ ㅓ ㅕ ㅗ ㅛ ㅜ ㅠ
阿 也 於 余 吾 要 牛 由

ㅡ 중성만 伊쓴다. ㆍ思 초성은 쓰지 않는다.
또 ㅘ 吾와 阿를 합함. ㅝ 牛와 於를 합함.
또 오른쪽 옆에 ㅣ 역시 伊를 붙인 것이 있다.

몽골운(蒙古韻) (몽골운약(蒙古韻略)』은 원조(元朝)에 찬하
였다. 곧『운회(韻會)』에서 사용한 것이다.)에 또 ㅗㅕ(余와 吾
을 겹침), ㅘ(阿와 吾를 겹침), ㅗㅑ(也와 吾를 겹침), ㅛㅑ(也
와 要를 겹침), ㅡㅜ(應과 牛를 겹침), ㅟ(伊와 牛를 겹침. 이
것을 아울러 몽운(蒙韻)에서 종성 ㅁ형으로 여기는데, 지금 번

역하는 사람은 허리가 꺽인 중성(中聲)으로 이해한다. 『정음통석』은 번역을 따랐다.)가 있다.

지금 중국의 속음(연경(燕京)사람의 말을 이른다) ㅘ는 ㅗㅗ(吾와 吾를 겹침)가 되었고, ㅗㅕ는 ㅛㅗ(要와 吾를 겹침. 이것 역시 허리 꺾인 중성이다.)가 되었다.

신재(信齋) 이영익(李令翊)가 마땅히 또 '· ·' (신재의 말은 지금의 속음에 여덟(八)을 소리 내는데 간혹 ㅇ· ·돌八로 잘못 쓴다. 이 음(音)이 그것이다.)이 있다고 하였다.

● 유씨 교정 중성 정례(正例) 15형(形)

(ㅏ) (ㅑ) (ㅘ) (ㆇ) (ㅓ) (ㅕ) (ㅝ) (ㆊ) (ㅗ) (ㅛ)

(ㅜ) (ㅠ) (ㅡ) (ㅣ) (ㆍ)

중성(中聲) 변례(變例) 1형(形)

ㅣ(매번 모든 문자자 오른쪽 옆에 붙는다.)

우리 속음은 ·에서 분명하지 않고 ㅏ에 많이 섞이고(兒와 事등과 같은 글자는 ·를 따르나, 지금 속음은 阿와 些처럼 잘못 소리 낸다.) 또한 간혹 ㅡ에 섞이므로 (흙土을 지금 흙土로 읽는 것과 같다.) 그 소리는 본래 ㅏ와 ㅡ의 중간 음으로 당연히 읽어야 한다는 것을 알 수 있다.

신고령(申高靈. 『사성통고(四聲通考)』)에 말하기를, "ㅏ는 'ㅏ'와 'ㆍ'의 중간음처럼 읽고, ㅑ는 'ㅑ'와 'ㆍ'의 중간 음처럼 읽으며, 'ㅓ, ㅕ, ㅗ, ㅛ, ㅜ, ㅠ, ㅡ'는 'ㅓ와 ㆍ', 'ㅗ와 ㆍ', 'ㅛ와 ㆍ', 'ㅜ와 ㆍ', 'ㅠ와 ㆍ', 'ㅡ와 ㆍ' 중간 음처럼 읽으며, ㅣ는 ㅣ와 ㅡ의 중간 음처럼 읽어야만 거의 중국 음에 부합된다. 이것은 연경(燕京)의 여음(餘音)에 대하여 말한 것이다. 언문을 창제할 당시에는 여음(餘音)에 관여하지 않았다. 또한 오(吳)·초(楚)의 음을 명확히 하는데 힘쓸 따름이다."

(북음(北音)의 기능은 느슨하게 해주는데 있다. 그러므로 여음(餘音)을 만든다.) 라고 하였다.

『훈민정음』은 다만 11형(形)이 있으니, 'ㅘ, ㅝ' 및 오른쪽 옆에 'ㅣ'를 붙여서 임시로 만들어 쓰게 하였다. 그러므로 『삼운성휘』는 세 가지 형(兄) 'ㅘ, ㅝ, ㅣ'를 겹모음(重中音)으로 삼았다. 그러나 'ㅘ, ㅝ'를 만든 법은 '이(耳)'를 거듭하여 소리로 삼았지만, 애초에 중복하지 않고 형(形)을 버려 소리(聲)를 궁구하는 것은 'ㅏ, ㅓ'류(類)에 불과하다. 그러므로 이제 각각 그 부류의 아래에 삽입하였다. 또한 사람의 입에서 내쉬는 소리로는 다시 'ㅑ, ㅖ'가 있다. (몽운자(蒙韻字) 또한 음에 ㅑ, ㅖ'가 있다.) 그러므로 또한 첨가하여 넣었다. 만약 오른쪽 옆에 'ㅣ'를 덧붙이더라도 또한 중복은 아니다. 단 그것을 모든 글자에 덧붙이지 않을 수 없게 돼, 자연히 15형(形)과 유사하지 않다. 그러므로 이제 변례(變例)를 발췌하였다. ('기'와 '키' 등의 글자는 다만 ㅣ를 덧붙일수 없으므로, '기'와 '키' 등으로부터 변형되어 나왔음을 알 수 있다.)

몽운(蒙韻)에도 'ㅗㅓ'형(形)이 있으나, 읽을 때 'ㅘ'와 구별이 없다. 초성의 의(疑)와 어(魚), 영(影)과 요(幺)에 불과할 뿐, 지금은 사용하지 않는다.

번역(『정음통석』과 같음)한 중국 음의 'ㅘ, ㅗㅕ, ㅡㅜ, ㅟ, ㅗㅕ, ㅑ'와 지금 중국 속음의 'ㅗㅗ, ㅛㅗ'는 진실로 중복된 소리로 읽는다. 따라서 허리 꺾인 중성(中聲)이라고 한다. 몽운(蒙韻)(『사성통고』와 『사성통해』 모두 같다.)이 비록 종성(終聲)을 만들어서 이치로 그것을 궁구하나 중성도 아니고 종성도 아니다. 바로 일자(一字) 복음(複音)일 따름이다. 언문은 마땅히 두 글자로 만들어 썼다. 조선을 챠오션이라고 한 것과 같다. 이제 중성(中聲)은 불필요해져서 자연스럽게 이루어진 배열에 혼란을 주기 때문에 그것을 없앴다.

이신재(李信齋. 영익(令翊)가 이르기를, "'··'형(形)은 '·'형(形)의 턱을 억누르는 소리이다. 그 소리는 극도로 모호하며 사용하지 않는 소리이기 때문에 불필요해져서, 전대(前

代) 사람들이 만들면서도 없는 글자라고 하였으므로 따르지 않는다. 이제 비록 따르지는 않으나 이 논의가 그대로 존재하므로, 기우(奇耦)와 대대(對待)의 이치가 옛날에 갖추어져 있지 않음이 없다는 것을 보이고자 한다.

　무릇 중성을 읽는 방법은 다음과 같다. 슬프면서도 편안한 소리를 평성(平聲)이라고 하고, 힘들여 높이 들어 올리는 소리를 거성(去聲)이라 하며, 먼저 안정된 후에 힘들게 끌어당겨 완만해지는 것은 상성(上聲)이 되고, 곧으면서도 높고 끌어당기며 한계가 있는 것은 입성(入聲)이 된다. 예나 지금의 운서(韻書)가 이러한 것을 힘써 구분하였다. 그러나 언문은 다만 입에서 갖추어져 나오는 소리로, 애초에 평성·상성·거성을 논할 필요가 없으므로 이제 아울러 업급하지 않았다.

　상현이 말한다.
　우리 조선의 순수방언 가운데 음은 같으나 뜻이 다른 말이 있다. 대개 그 발음의 길고 짧음에 따라 곧 그 뜻이 달라진다.
　예를 들어본다.
　단음 '밤'은 밤(夜)의 뜻이 되고, 장음 'ㅂ 음 바-ㅁ'은 밤(栗)이 된다.
　단음 '말'은 말(馬) 혹은 말(斗)의 뜻이 되고, 장음 'ㅁ 을 혹은 마–ㄹ'은 마을(村) 혹은 말(言)의 뜻이 된다.

단음 '눈'은 눈(目)의 뜻이 되고, 잠을 '누운 혹은 누–ㄴ'은 눈(雪)의 뜻이 된다.

단음 '가뎡'은 가정(家庭)의 뜻이 되고, 장음 '가–뎡'은 가정(假定)의 뜻이 된다.

단음 '샤회'는 '사위(女壻)'의 뜻이 되고, 장음 '샤–회'는 사회(社會)의 뜻이 된다.

이와 같은 종류는 일일이 다 거론할 수 없다. 옛날 어문의 상성은 지금의 장음(長音)이며, 평성·거성·입성의 삼성은 지금의 단음(短音)이 되었다. 만약 글자마다 왼쪽에 점을 찍어 사성(四聲)을 표시하고자 한다면, 어찌 진실로 번거로운 폐단이 아니겠는가? 이런 까닭에 지금은 '–'을 사용하여 장음을 표시하니, 참으로 아주 편하게 일을 줄였음을 마땅히 알 수 있다.

옛날 교과서 가운데 성점(聲點)을 쓴 것도 있고 쓰지 않은 것도 있는데, 인수왕비(仁粹王妃)의 『내훈언역(內訓諺譯)』에는 사성의 표시가 없다. 최세진의 『훈몽자회』에 설명은 있지만 사용하지 않았으며, 영조(英祖) 갑자본(甲子本) 『소학언해』에는 사성에 점을 찍는 「범례」가 있다. 그렇지만 언자(諺字)의 점 표시는 한자(漢子)의 사성을 이해하기 위해 설정한 것이다. 그러므로 평성(平聲)의 한자 또한 언자의 평성이 되며, 기타 상성·거성·입성의 삼성 역시 따라서 그렇게 하였다. 후세에 이르러 그 번잡한 군더더기를 싫어하여 저절로 폐기가 되었다. 한자 운서(韻書)는 충충이 네 개의 난으로 나누어 배열하였다.

평성 · 상성 · 거성 · 입성

사성으로 모으고 언음(諺音)으로 주를 달았다. 우리나라 음과 중국 음에 예컨대 '東 동 둥'처럼 네모와 동그라미를 덧붙여 그 한 글자가 다른 사성을 타나내거나 한 글자가 서로 다른 운(韻)을 보여주는 것 등 각각 부호를 사용해 알 수 있도록 하였다. 정종(正宗) 병진년에 어명으로 제정한 『규정전운(奎章全韻)』이 곧 그 증거이다.

『어정규장전운(御定奎章全韻)』「예의(例義)」에 이르기를 "우리나라 운서(韻書)에 삼운(三韻)으로 모으고 따로 입성을 두는 것은 운이 본래 사성에 근본하는 뜻에 어긋난다. 이제 평성 · 상성 · 거성 · 입성으로 분류하고 네 칸(四格)으로 늘렸다. 이는 『규장전운』을 어명을 받들어 차례를 밝힌 것이기 때문이다. 배열의 차례는 옛 운서로 자모로 차례를 삼았던 방법을 모방했는데, 언서(諺書)로 반절을 표시하고 차례에 따라 배열하였다. 한 글자에 여러 운(韻)이 서로 나타나는 경우, 글자는 같지만 음(音)과 뜻(義)이 각각 다른 경우, 글자에 따라 중국 음과 우리나라 음을 다르게 읽는 경우에는 글자 옆에 표시하거나 동그라미로 글자를 에워싸거나 언문으로 주를 달아 나누었는데, 모두 중국과 우리나라의 바른 옛 소리에 따르되 더욱 치밀하고 자세하게 하였다.

한 글자에 서로 다른 사성이 나타나면 평성은 ○로 표시하고, 상성은 ●로 표시하고, 거성은 ◐로 표시하였다. 한 글자에 다른 운(韻)이 서로 나타나면 머리글자에 동그라미로 글자를 에워싸고, 한 운(韻)에 글자는 같지만 음과 뜻이 다른 경우 언음으로 주를 달았다. 뜻이 다른 것을 새기고 중국 음에 동그라미로 에워싸고 중국 음은 정음의 자모를 따랐다. 협운을 전부 해석한 언문 번역에 우리나라 음은 칠음(七音)으로 판별하고, 자모를 정하여 각 글자의 아래에 언어(諺書)로써 나누어 주를 달았다. 중국 음 역시 동그라미로 에워쌌다.

운법(韻法)은 육경(六經)에서 시작되었는데, 양한(兩漢)의 모든 선비들이 운(韻)을 사용하지 않음이 없었으니, 양웅의 『태현경(太玄經)』과 초연수(焦延壽)의 『역림(易林)』이 이런 것들이다. 심약(沈約)에 이르러서 사성에 얽매여 옛 운은 전해지지 않게 되었다. 협음(叶音)이란 명칭은 오역(吳棫)의 『운보(韻補)』에서 시작되었다. 이것을 주자(朱子)가 취하여 『모시(毛詩)』와 『이소(離騷)』를 풀이 하였는데, 이제 대략 발췌하

여 부기(附記)하였다. 통운(通韻)을 분별하는 문제에 있어서
는 시비가 결말이 나지 않는 것이 있으면 고악부(古樂部)나 두
보(杜甫)·한유(韓愈)의 시 가운데 확실히 근거가 될 만한 것
을 증거로 삼아 차례대로 각 운의 아래에 부기하였다.

동·동·강은 서로 통하며, 支·微·齋·佳·灰는 서로 통
하고, 魚·虞는 서로 통하며, 眞·文·元·寒·山·先은 서로
통하고, 蕭·豪·肴는 서로 통하며, 歌·麻는 서로 통하고,
庚·靑·蒸은 서로 통하며, 侵·覃·鹽·咸은 서로 통한다.
상성·거성·입성은 이를 따른다.

지금 과시(科試)에서 입성(入聲)과 증운(增韻)으로 압운하
는 것을 허락하고, 또 새로이 『옥편(玉篇)』을 제정하여 끊임없
이 만들어지는 글자와 정리된 글자를 인쇄하여 반포하였다.

『규장전운』이 사성으로 모은 것은 대개 임금의 뜻에서 나온
것인데, 문신(文臣) 정약용(丁若鏞)에게 명하여 순서를 정하
게 하였다.

● 정음통석 종성(終聲) 8운(韻)
『훈민정음』과 『삼운성회』도 아울러 같다.

ㄱ ㄴ ㄷ ㄹ ㅁ ㅂ ㅅ ㅇ
役 隱 末 乙 音 邑 衣 疑
(우리말(글))　　　　　우리말(옷)

『통고』

　몽운(蒙韻)을 번역한『통해(通解)』도 아울러 같다.) 東 · 陽
등의 운자(韻字)는 疑의 운모(韻母)를 ㅇ형(形)을 쓰지 않는
다. ㅇ은 즉『통석』에서 凝로 표시하고,『통석』은 甬을 없앴다.
　『통해』는 支(微)에 합함 · 齋 · 魚 · 模 · 灰(隊에 합함) ·
歌 · 麻 · 遮(麻에서 나뉨) 운자는 마땅히 兪의 운모를 ㅇ종성
으로 삼는다. 齋 · 爻 · 尤는 몽운(蒙韻)을 따른다.
　몽골운(蒙古韻)은 簫 · 爻(豪에 합함) · 尤 · 藥 운자는 아울
러 微의 운모를 ㅁ종성으로 삼는다. 읽는 법은 蕭 · 爻는 중성
(中聲) ㅗ와 같고, 尤 는 ㅜ와 같고, 藥은 ㅗ와 ㅛ같다.

　허리 꺾인 중성(中聲)을 살펴보면, 어느 때부터 만들어졌는
지 알 수 없다. 그러나 藥 운을 들어보면 호원(胡元) 이후인 듯
하다.
　입성(入聲)이 있다면 마땅하지 않다. 또 'ㅗ · ㅛ'에 붙으니,
만약 'ㅗ · ㅛ'에 붙인다면 오히려 양운(陽韻)의 예가 아니다.
　또 당(唐) 이전의 사부(詞賦)에 蕭 · 爻 · 尤가 魚 · 模에 많

이 통용되었다.

　예컨대 육운(陸雲)은 流와 俱를 압문하였고, 유주(柳州)는 魚와 濤를 압운하였다.

　『통고』의 입성(入聲)은 유일하게 藥운자를 제외한 나머지에 아울러 影의 운모를 ㆆ종성으로 삼았다. 읽는데 끝 글자가 없으면서 微·呑의 여음(餘音)과 같은 것을 『통해』에서 없앴다.

　『통고』의 支 운에 속하는 치음(齒音)의 여러 글자들, 예컨대 支·絺·痔·施·士등은 日의 운모를 ㅿ종성으로 삼았다. 읽는 법에 끝소리가 없으며 微에 여음(餘音)이 접한 것은 반역(反譯) 및 『통해』에서 없앴다. 『통석』또한 없앴으나, 日이 운모 여러 글자에서는 已를 종성으로 삼았다.

　『통고』및『능엄경(楞嚴經)』,『금강경언해(金剛經諺解)』, 『삼경언해(三經諺解)』는 아울러 心 의 운모를 ㅅ종성으로 하지 않았다.

　『통해』의 주(註) 및『동의보감(東醫寶鑑)』,『물명고(物名考)』를 비롯하여 신식(申湜)의『가례언해(家禮諺解)』에 이르기까지 드디어 ㄷ종성이 없다.

● 유씨(柳氏)교정(校正)종성(終聲)정례(正例)6운(韻)

ㄱ ㄷ ㅌ ㅇ ㄴ ㅁ

종성병례 1운(韻)

ㄹ: 매번 전체 글자의 아래 및 아래의 왼쪽에 붙였다.

어떤 이가 물었다.

"우리나라 속음에 質·曷 등 운(韻)이 같은 글자들은 읽을 때 모두 ㄹ이 종성이다. 그런데 그대가 'ㄴ, ㅅ'이 된다고 하니, 어찌 그리 해괴한가?"

말한다.

"질·물의 ㄹ은 우리나라 음의 오류이다. 중국 음에서는 본래 모두 ㄷ이 종성이다. 지금 신고령(申高靈)의 『사성통고』에서 근거할 수 있다.

『통고』의 범례에 이르기를 "입성이 입성이 되는 것은 아음(牙音)·설음(舌音)·순음(脣音)의 전청(全淸)이 종성이 되어 촉급(促急)해지기 때문이다."라고 하였다. 또 이르기를, "지금 ㄱ·ㄷ·ㅂ을 종성으로 삼고 그대로 ㄱ·ㄷ·ㅂ으로 소리내면, 이른바 남음(南音)과 비슷해진다."고 하였다. 그러므로 글자마다 모든 운에 속음을 쓰고 ㆆ을 썼다. 藥운(韻)은 반절 아래에 따로 ㅸ을 썼다'고 하였다. 대개 신씨(申氏)가 논한 바는 모두 화음(華音)을 가리키나, 그 당시 오(吳)·초(楚)에는 오히려 입성이 있었으므로 남음(南音)이라고 하였고, 회하(淮河) 이북(以北)에는 그것이 없었으므로 속음(俗音)이라고 하였다. 왕엄주(王弇州)가 이른바 큰 강의 북쪽이 점차 호음(胡音)에 물들었다고 한 것은 황공소(黃公紹)의 『운회(韻會)』를 말한다.

●卒 등의 글자는 屋운(韻)에 속하고, 閣·榼 등의 글자는 葛·등의 글자는 葛운(韻)에 속한다. 이것은 북음(北音)으로 입성이 없다. 여기에 이르러서는 구분하지 않았다. 『통고』는 세종말년에 이루어졌고 그 후 70여년이 지나 최세진이 『사성통해』를 지었다. 그 범례에 이르기를, 입성 ㄹ·ㄱ·ㅂ 세 가지 소리는 한어(漢語)·속어(俗語)에 모두 쓰이지 않고 오직 남음(南音)의 발음에서 많이 쓰이고 있다. 많이 쓰이고 있다 함은 그 시대가 오(吳)와 초(楚) 또한 호음(胡音)이 점차 호응에 물들어갔다는 말이다. 오직 입성을 다 쓰지 않았으나, 최씨가 익숙하지 못해서 우리나라 음(音)을 근거로 하여 ㄷ 대신 ㄹ로 해야 마땅하다고 하였다. 그렇게 된 까닭은 ㄹ음은 본래 입성이 아닌데, 북속어(北俗語)에 오히려 간간이 쓰였기 때문이다. 예컨대 支 운(韻)안의 ㅂ이 운모인 모든 글자는 지금 ㄹ을 붙여 읽는다. 최씨가 많이 쓰인다고 한 것은 필경 이러한 것들을 들었기 때문이다. 중국사람들에게는 이미 입성이 없는데, 어찌 홀로 ㄷ을 ㄹ로 고치자고 하는가?

이제 세속에서 부녀의 언문은 ㅅ으로 ㄷ을 대신한다. 특별히 ㅅ이 일찍이 종성으로 되지 않았다는 사실을 모르고 두 말을 연결하는데 사용하였기 때문이다. 예컨대 『통해』에서 '篷'을 풀이하기를 '빗돌'이라고 하였는데, '배의 자리'를 말한다. 배(舟)를 '비'로 풀이하고 '빗'이라 하지 않았으며, 자리(席)을 '돌'이라고 풀이하고 '쏠'이라고 하지 않았다. 그러나 뜻을 연결하여서 하나의 ㅅ음이 저절로 생겨났기 때문에 그렇게 썼다. 마땅히 세 글자의 자리를 차지하니, 경서(經書)언해는 이와 같이 썼다. 그 이치를 알지 못하면 마치 갑자기 돌출한 듯 괴이하게 여겨서 위로 붙여서 ㄷ으로 대신하거나 아래에 붙여 쌍형(雙形)(예컨대 ㅆ은 곧 탁성(濁聲)을 이른다.)으로 대신하니, 모두 있을 자리를 잃게 되었다. 언문을 창제함에 본래 만일 문자의 두세 글자가 서로 통하면 'ㄷ·ㅅ'을 서로 쓰지 않으니, 과연 끝을 잃음이 아니겠는가. 이상은 유씨(柳氏)가 언문을 연구한 안건이다.

상현이 말한다.

이상 서술한 것을 살펴보면, 언문의 연혁을 대략 알 수 있다. 그렇지만 조선의 언문은 이 연구 이전에는 모두 단지 발음방법(Phonetic System)에 힘을 다했을 뿐 문전규칙(文典規則. Grammatical Rules)은 빠뜨렸다. 마침내 편리하고 변화무쌍

한 언문이 산만하고 통일성이 없는 지경으로 어찌 한탄스럽지 않겠는가.

그러므로 주시경(周時經. 호는 한흰뫼인데 태백산(太白山)을 이른다.)이 마음을 다해 언문을 연구하여 『조선어문전(朝鮮語文典)』을 저술하였다. 언문이 존재한 이래 비로소 사람들에게 보여 주었으니, 훌륭한 일 중의 훌륭한 일이라고 할 수 있다. 근래에 혹 어떤 사람이 언문의 '·, ㅓ' 두 글자의 발음이 이미 서로 비슷하고 '·'는 중첩되고 군더더기 글자라고 여겨 드디어 제거하였다. 그러나 이는 '·'자의 오묘한 이치를 알지 못한 소치이다.

자서(字書)에 이르기를, "천지(天地)의 으뜸 음은 사람에게서 나오는 소리이니, 사람 소리(人聲)의 상형은 점과 획에 달려있다."하였다. 또 신경준(申景濬)은 『훈민정음도해』에서 말하기를 "'·'는 소리의 시작이고 그 형태가 미약하다. 그러나 '·'가 불어나 'ㅡ'가 되고 'ㅣ'가 된다. 하나는 가로로, 하나는 세로로 이루어져서, 모든 소리가 여기에서 생겨난다."고 하였다. 그러므로 '·'는 언문 모음의 기점(基點)이며 또한 'ㅏ, ㅓ, ㅡ, ㅜ'의 중간 음(音)이다.

예컨대, 天자는 본래 하ᄂᆞᆯ텬이라고도 한다. 또 土자는 본래 흙토인데, 지금은 흙토라고 한다. 또 구결(口訣)의 爲尼는 본래 '흐니'인데, 서울 사람들은 '허니'라고 읽는다.

예컨대 마니보주(摩尼寶珠)가 지방에 따라 각각 그 색깔이 다른 것과 같다.

'ㆍ'는 단독으로 음(音)을 이루는데, 'ㅏ'는 'ㅣ, ㆍ' 두 글자가 합해서 음을 이룬 것이다. 그 음의 방법이 비록 서로 유사하나 진실로 구별이 있다. 예컨대 지금 사람들이 언문의 'ㅅ, ㅈ, ㅊ' 세 가지 행(行)에서 'ㅏ, ㅑ, ㅓ, ㅕ, ㅗ, ㅛ, ㅜ, ㅠ'와 분별하지 않는 것과 같이 동일하게 잘못된 것이다.

또 세계 각국의 문자, 예컨대 서구의 희랍문자, 로마문자가 영문(英文), 덕문(德文. 독일어), 노문(露文. 러시아어)에 이르러 모두 아(阿)자(음성(音聲)을 말한다.)에서 일어났는데, 모음 'a, e, i, o, u'자 등이 또한 발음이 중첩되어 동일할 때 첩음(疊音)으로 듣지 못했기 때문에 하나의 모음(母音)을 없애려고 하였다.

동아시아의 한문(漢文)은 'ㅡ'자(음은 이)에서 시작하고, 또 일본 가나(假名)에는 ア에서 시작하는데, 이는 모두 아(阿)행에 속한다. 인도 범문(梵文)의 50자모(字母) 실담장(悉曇章) 또한 한 획 ' '를 아(阿)자로 삼고 또 한 획 ' '를 아(啊)자로 삼으니, 아(阿)와 아(啊)의 공덕은 헤아릴 수 없다.

곧 그 송(頌)에 말하기를, "아(阿)는 본래 생성하지 않았으니 곧 반야(般若)이고, 아(啊)는 만행(萬行)을 행하니 곧 삼매(三昧)이다. 암(暗)(범서(梵書)는 ○이고 언음(諺音)은 '임'임.)은 태공(太空)을 증명하니 곧 보리(菩提)이고, 악(惡)자(범서(梵書)는 ○○이고 언음은 '악'임)는 깨끗하게 없앴으니 곧 열반(涅槃)이다. 20반야는 곧 생성하지 않고, 여덟 번 바뀐 삼매(八轉三昧)는 곧 만행(萬行)이며, 다섯 번 보리(菩提)에 들면 태공(太空)이고, 여덟 번 초월한 열반(涅槃)은 곧 깨끗하게 없애는 것(淨除)이다."라고 하였다.

하물며 언문이 범자를 모방하여 창조했다는 것은 깊은 뜻을 갖추고 있었다. 후세의 말학(末學)이 함부로 스스로 제거하였으니, 어찌 옳다고 할 수 있겠는가? 지금 세상에서 언문을 사용하는데, '·'자가 의연히 존재한다. 그렇지만 나는 후세 사람들이 글자를 만든 본뜻을 알지 못하고, 문득 다른 이론이 있을 까 염려하여 밝힐 따름이다.

혜재(惠齋) 어윤적(魚允迪)이 일찍이 나와 더불어 언문을 연구하였는데(전한(前韓) 광무11년 학부에 국문연구소를 설치하였다. 어윤적·주시경 그리고 내가 함께 이 연구소 위원이 되었다.) 처음에 역시 '·'자를 없애려고 하였다. 그러나 이것을 둘러싸고 다툼이 일고 받아들이지 않았지만, 도리어 그 잘

못을 깨닫고 비로소 내 말에 설복되었다. 혜재(惠齋)의 저서에서 언문 연혁을 서술할 때 자못 널리 인용하였다.

● 언문(諺文)「예의(例義)」사족(蛇足)

세상에 언문에 종사하는 사람들이 매번 탐구해 이상(理想)을 창조하려고 한다. 다만 시비에 결말이 나지 않아서 실제 모두 사용되지 못해「예의(例義)」를 따름만 못하니, 단안(斷案)이라고 일컫는다.

상현이 말한다.

『훈민정음』「例義」이 이르기를, "종성은 초성을 다시 사용하며, 'ㅇ'은 순음(脣音)의 아래에 연이어서 쓰면 순경음이 되고, 초성을 합하여 사용하면 병서(竝書. 나란히 붙여 쓰는 것)"라고 하였다. 유씨가 말하기를, "언문이란 사람의 입에서 나오는 소리를 두루 갖추었다."고 하였다. 그러므로 내가 이제 이「例義」에 의거하여 대략 관견(管見)을 서술한다.

(1) 실마리를 추적하지 않고, 때에 따라 만들어 쓴다.

ㄱ ㄴ ㄷ ㄹ ㅁ ㅂ ㅅ ㅇ: 이상의 여덟 글자가 현재 초성, 중성에 통용된다. 그러나 ㄷ자는 다만 그 수가 갖추어졌기 때문에 종성에 사용하지 않는다.

ㅈ ㅊ ㅋ ㅌ ㅍ ㅎ ㄲ ㄸ ㅃ ㅆ ㅉ: 이상의 11자는 지금 초성
에만 쓰인다. 그렇지만 '藥닢', '從좇', 감탄사 앟' 등은 옛날
에 이미 사용된 것이 옛 역본(譯本)에 보인다.

(2) 옛날 역사는 보존하고 새로운 번역은 통용한다.

지금 비록 그 글자를 쓰지 않더라도, 그 이치를 보존한다.

ㆁ ㆆ ㅿ ㅸ ㅹ(『운학본원』에 보임) ㅽ ㅱ ㄸ ㅄ ㅵ ㄱㄹ ㅋㄹ
ㅍㄹ ㄹㄹ ㅅㅍ ㅅㅎ ㅅㅁ ㅅㅌ ㅌㅎ 등 모두 초성, 종성에 통
용된다.

(3) 몇 가지 예를 대조하여 사용하는 곳을 제시한다.

ㅿ: 영어 R 모(母), ㅸ: 영어 V모;

ㆁ: 혹은 ㆁㄱ: 일어 ガ행, ㄸ: 일어 ダ행,

ㄷㄹ: 영어 dr(예컨대 drink의 번역 음은 ㄷㅇ릭이니, 만약
가로로 쓰면 ㄷㄹㅣㅇㅋ 이다.) ㅅㅌ: 영어 ts의 번역 음은 ㅅ
ㅌㅣㅋ 예컨대 stick의 번역음을 만약 가로로 쓰면 ㅅㅌㅣㅋ 등
이다. 이상 여러 예는 본뜻에 위배되지 않는다.

(4) ○장음(長音) ㅡ자, 연음(聯音) ㅅ자

사성(四聲)글자는 왼쪽에 점을 붙이니, 군더더기가 매우 심

하다. 하물며 이미 저절로 없어졌으니, 마땅히 현재 쓰는 장음 표 '-'로 바꿔야 한다. '熊(곰-ㅁ)이 그 예이다. 연음은 예컨대 '簾비' 등이 그 예이다.

(5) 언문 자모 초성의 명사를 헤아려 정한다.

옛날에 기역, 니은 등으로 자모(字母)의 명사를 삼았다. 그렇지만 이제 언문이 있으니, 언문으로 바꾸어야 한다.

ㄱ(기역) ㄴ(니은) ㄷ(디귿) ㄹ(리을) ㅁ(미음) ㅂ(비읍)
ㅅ(시옷) ㅈ(지읒) ㅊ(치읓) ㅋ(키읔) ㅌ(티읕) ㅍ(피읖)
ㅎ(히읗) ㄲ(쌍기역(병음) ㅃ(쌍비읍) ㅉ(쌍지읒)

(6) 언문 반절 행법(行法)을 헤아려 정한다

유희(柳僖)의 『諺文志』에서 말하기를, "우리나라 속음은 '다·뎌'를 '자·져'와 같이 소리 내고, '타·텨'는 '차·쳐'와 같이 소리낸다. 턱을 억누르는데 불과하니, 이것을 저것으로 바뀌기가 어렵다.

'ㅏㅕㅗㅜㅑ'는 턱을 들었다고 하고, 'ㅕ, ㅛ, ㅠ'은 턱을 억눌렀다고 한다.

이제 오직 평단도 사람만이 '천(天)'을 '천(千)'과 다르게 소리 내며, '지(地)'를 '지(至)'로 다르게 소리 낸다. 또 정동

유 선생의 말을 들으면, 고조부의 가운데 한 부의 이름은 '지화(知和(디화)'이고 또 한 분의 이름은 '지화(至和)'인데 당시에는 부르는 데 의식이 없었으니, '디·지'가 섞인 것이 오래되지 않았다는 것을 알 수 있다."고 하였다.

이제 유일한 법은 그 폐단을 구하는 것이다. 'ㅏ, ㅑ, ㅓ, ㅕ, ㅗ, ㅛ, ㅜ, ㅠ, ㅡ, ㅣ, ·'는 가로로 쓰고, 'ㅇ, ㄱ, ㄴ, ㄷ, ㄹ, ㅁ, ㅂ, ㅅ, ㅈ, ㅊ, ㅋ, ㅌ, ㅍ, ㅎ, ㄲ, ㄸ, ㅃ, ㅆ, ㅉ'은 세로로 쓴다. 먼저 'ㅇ'을 쓴 것은 모든 글자의 모음(母音)을 위한 것이다. 마땅히 제1행에 두니, 각 나라의 문자가 같다.

언문 반절 행법 의정(擬定)은 다음과 같다.

아 야 어 여 오 요 우 우 으 이 ᄋ
가 갸 거 겨 고 교 구 규 그 기 ᄀ
나 냐 너 녀 노 뇨 누 뉴 느 니 ᄂ
다 댜 더 뎌 도 됴 두 듀 드 디 ᄃ
라 랴 러 려 로 료 루 류 르 리 ᄅ
마 먀 머 며 모 묘 무 뮤 므 미 ᄆ
바 뱌 버 벼 보 뵤 부 뷰 브 비 ᄇ
사 샤 서 셔 소 쇼 수 슈 스 시 ᄉ

자 쟈 저 져 조 죠 주 쥬 즈 지 ㅈ
차 챠 처 쳐 초 쵸 추 츄 츠 치 ㅊ
카 캬 커 켜 코 쿄 쿠 큐 크 키 ㅋ
타 탸 터 텨 토 툐 투 튜 트 티 ㅌ
파 퍄 퍼 펴 포 표 푸 퓨 프 피 ㅍ
하 햐 허 혀 호 효 후 휴 흐 히 ㅎ

주

1. 『四聲通攷』: 조선 세종 때에 신숙주가 왕명에 따라 편찬한
   韻書.『홍무정운』의 한자를 한글로 번역하고, 사성광 淸
   濁등을 연구 · 편찬하였다. 지금은 전하지 않는다.

2. 『四聲通解』: 2권 2책. 세종 때 신숙주가 왕명에 의해 한자
   를 四聲에 따라 구별하고 그 음을 바로잡아『사성통고』라
   는 운서를 저술하였다 하는데, 현재 전하지 않는다. 이 책
   을 보완하기 위해『洪武正韻譯訓』등을 참고하여 편찬한
   책이 바로『사성통해』이다. 한글로 중국 음을 표기한 운
   서이기 때문에 중국어, 특히 근대 북방음의 연구에 중요
   한 자료가 되며, 또 한글로 된 字釋은 국어사 연구의 좋은
   자료이다.

3. 『洪武正韻』: 15권 1375년에 명나라 樂紹鳳 등이 왕명에 따
   라 펴낸 운서. 양나라의 沈約이 제정한 이래 800여년이사
   통용되어 온 사성의 체계를 모두 북경 음운을 표준으로

삼아 개정하였다. 『훈민정음』과 『동국정운』을 짓는데 참
고 자료가 되었다.

4. 『韻學擧要』: 원래 宋 의 학자 黃公紹 가 편찬한 韻書이다.
   여기서 말하는 『韻會』는 元 의 학자 熊忠이 편찬한 『古今
   韻會擧要』를 말하는데, 『古今韻會』라고도 한다.

5. 석가모니가 이 강의 서쪽에서 열반하였다고 한다.

6. 音和・類隱・正切・回切: 모두 음을 半切하는 방법이다.

7. 律呂: 六律과 六呂로 동양 음악에 쓰이는 모든 가락을 통
   칭한다.

8. 이하 다음의 내용이 생략되었다. "이에 신이 집현전 응교
   최항, 부교리 백팽년・신숙주・수찬 성삼문, 돈녕부주부
   강회안, 행집현전 부수찬 이개・이선로 등과 더불어 삼가
   모든 풀이와 예를 지어서 그 대강을 서술하였다. (如是,
   臣與集賢殿應敎臣崔恒, 副校理臣朴彭年, 臣申叔舟, 修撰
   臣成三問, 敦寧府 注簿臣姜希顔, 行集賢殿副修撰臣李塏,
   臣李善老等, 勤作諸解及例, 以敍其便慨)"

9. 籀文: 漢子의 글자 體 가운데 하나로 小篆의 전신이며, 大

篆이라고도 한다. 周 宣王 때 太史였던 주가 만들었다.

10. 『說文解字』: 중국 최초의 자전. 後漢 때 許愼(58~147)이
    편찬하였다. 원문은 14권이고 敍目 1권이 추가되어 있다.
    9353개의 글자가 수록되었고, 중문(重文: 古文・籒文의
    이체자)이 1163자이며, 해설한 글자는 13만 3441자이다.
    최초로 부수배열법을 채택하여 한자 형태와 편방 구조에
    따라 540개의 부수로 분류하였다. 통행하던 篆書(小篆)을
    주요 자체로 삼아 古文・籒文 등의 이체자를 추가시켰다.
    글자마다 指事・象形・形聲・會意・轉注・假借의 '六
    書'에 따라 자형을 분석하고 자의를 해설했으며 독음을
    식별하였다. 고문자에 대한 자료가 많이 보존되어 있어서
    중국 고대서적을 읽거나 특히 갑골문・금석문 등의 고문
    자를 연구하는데 중요하다. 후세인들의 연구저작이 대단
    히 많으니 淸代 段玉裁의 『說文解字注』가 가장 자세하다.

11. 『옥편』: 한자의 음과 뜻을 부수와 자획에 따라 분류하여
    설명한 한자사전. 옥편이란 원래는 중국 남북조시대 양대
    의 학자 고야왕(顧野王: 519~581)이 543년에 편찬한 한
    자사전의 이름이다. 총 30권, 漢나라 때 마든 『說文解字』
    의 체재를 본떠 편찬한 것이다. '一'部에서 '亥'부까지 부

를 나누어 글자를 수록하였다. 이같은 분류방식은 이후 한자사전의 원형이 되었고, 옥편은 곧 한자사전을 지칭하는 용어가 되었다. 우리나라 사람이 편찬한 최초의 옥편은 1536년 최세진(1473~1542)이 만든 『韻會玉篇』으로 알려져 있다. 한자사전을 字典이라고도 하는데, 이는 1716년 청나라 康熙帝의 명으로 편찬한 『康熙字典』에서 유래한 말이다.

12. 심약이 지은 『교거부(巧居賦)』에 '雌霓連蜷' 이라는 부분이 있는데, 그는 성률의 미를 취해서 자예(雌霓)의 예(霓)를 '五矣半' 인 평성이었으므로 사람들이 보통 그 부분을 잘못 읽었다. 심약은 항상 그것을 염려하였다.

13. 楷聲 : 한자의 六書의 하나로, 두 개의 글자가 합하여 한 글자를 이 주는 경우 한쪽은 뜻, 한쪽은 음을 나타내는 것을 말한다.

14. 『韻學本源』 : 조선 중기의 학자 黃胤錫(1729~1791)이 지은 한자음 관계 韻書. 『理藪新編』 권 20에 수록되어 있다. 환윤석은 『운학본원』에서 '우리 훈민정음의 연원은 대저 여기에 뿌리를 두고 있다'고 보았다.

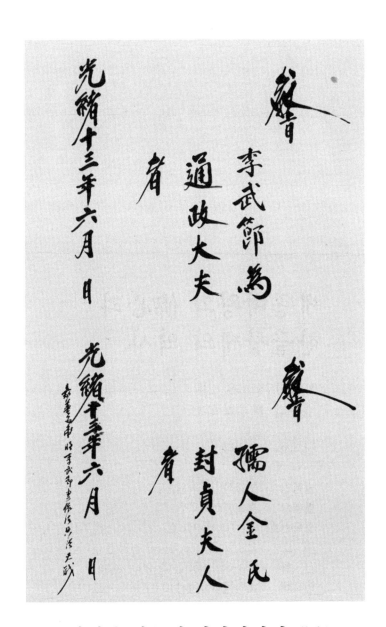

光緒十三年六月　日

李武節爲

通政大夫

者

光緒十三年六月　日

孺人金氏

封貞夫人

者

통정대부 이무절 할아버지의 敎旨

세종대왕의 佛心과 한글창제의 역사

2019년 7월 10일 인쇄
2019년 7월 23일 발행

편저자   수말라

발행인   불교정신문화원
발행처   불교통신교육원
등록번호   76. 10. 20 제6호
주 소   12457 경기도 가평군 청평면 남이터길 65
전 화   031-584-0657, 02-969-2410
인 쇄   이화문화출판사 (02-738-9880)

값 : 18,000원